Der Pessimist klagt über den
Wind,

der Optimist hofft, dass er dreht,

der Realist richtet das

Segel aus.

Den Sprung gewagt, vom regnerischen Ijsselmeer, in die mediterrane Welt der Balearen. Noch im vollen Berufsleben, aber mit fünf Wochen Ferien ausgestattet, macht die Crew der SY Thalatta die Leinen los. Mit an Bord ist Timmy, der Bordhund. Die Balearen im Kielwasser und Südspanien vor dem Bug.

Von Mallorca über Formentera überquert die Crew den Nullmeridian und erreicht genau zur größten Fiesta des Jahres Alicante, am spanischen Festland. Auf dem Weg in den Golf von Almeria kreuzen dann Freunde unerwartet ihren Kurs.

Möglichst viel Sonne, moderate Winde aus dem richtigen Quadranten und die Lust auf Neues soll das perfekte Seglerglück bringen. Aber vom Wind zerschlagene Segel, das Versagen der Maschine, das Aufkreuzen in stürmischer See und der Überfall einer aggressiven Hundemeute ist nicht das, was man sich unbedingt von einem entspannten Ferientörn wünscht. Unverkennbar für den Leser sind die Sympathien für die Gewässer der Balearen. Ein Törnbericht ohne nüchterne und langweilige Logbuchdaten. Emotionale Momentaufnahmen waren dem Autor wichtiger. Am Ende der Reise steht ein vorher nicht erwartetes Resümee.

Man muss kein Segler sein, um sich gut unterhalten zu lassen.

Walter Vollstädt

Wir segeln

zum Golf von Almeria

Auf eigenem Kiel

durch das westliche Mittelmeer

ISBN: 978-3-8482-4159-0

Herstellung und Verlag: BoD – Books on Demand, Norderstedt
Printed in Germany

Kontakt: thalatta39@gmx.de

Fotos: Werner Halfer, Felicitas Vollstädt, Club Nautico Arenal, Walter Vollstädt

Dank für den Textbeitrag auf Seite 8 an meine Frau Felicitas

Übersichtskarten: www.stepmap.de

Bibliografische Information der Deutschen Nationalbibliothek:

Die Deutsche Nationalbibliothek verzeichnet diese Publikation in der Deutschen Nationalbibliografie; detaillierte bibliografische Daten sind im Internet über http://dnb.dnb.de abrufbar.

Inhaltsverzeichnis

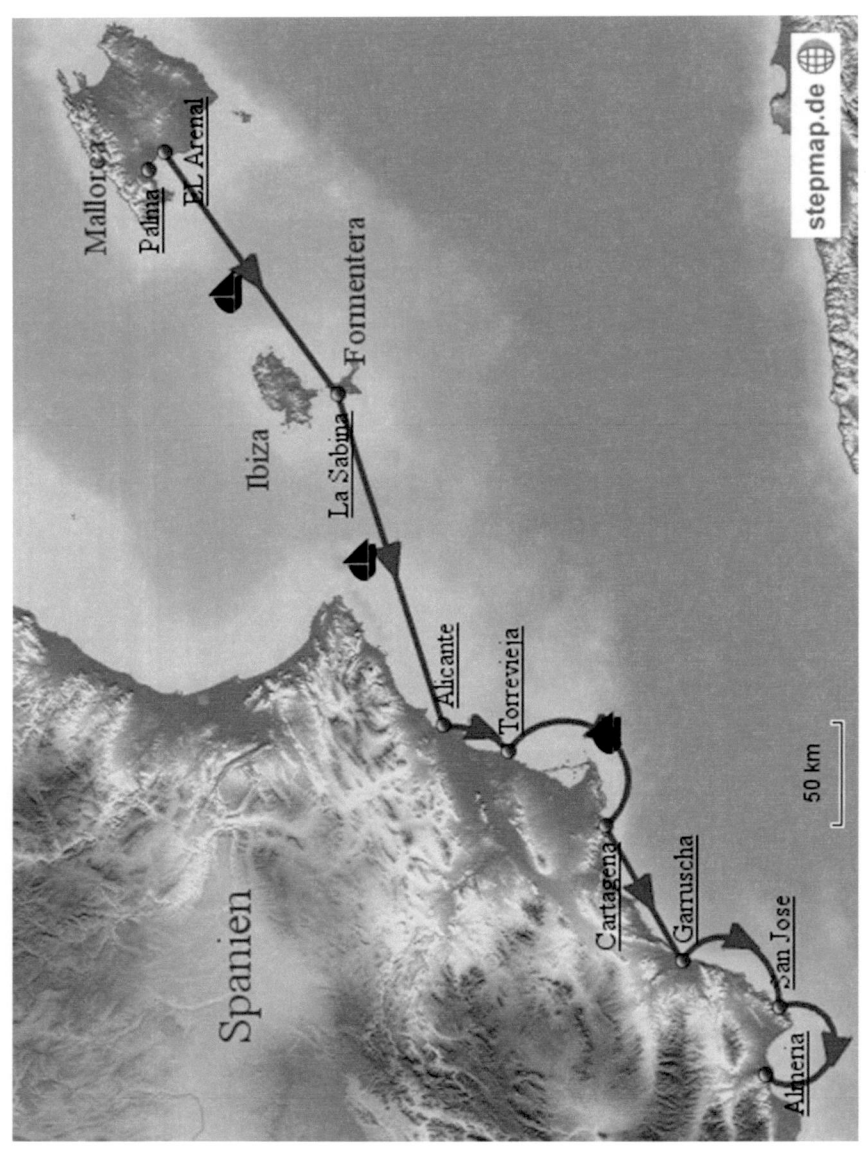

Der erste Teil unseres Segeltörns von Mallorca nach Almeria

Wie es begann, unser Seglerleben

Unsere ersten Erfahrungen mit dem Segelsport haben wir in den 1980 er Jahren als Surfer und später mit unserem ersten Schiff, eine Stahlyacht, der „Charly", einer 8,80 Meter langen Meerenpoort auf der Friesischen Seenplatte und dem Ijsselmeer gemacht. Unseren festen Liegeplatz hatten wir in den Niederlanden, genauer gesagt in Friesland, in Lemmer, später in Hindeloopen. Während der Saison sind wir fast jedes Wochenende zu unserem Schiff gefahren und haben natürlich auch unseren Jahresurlaub segelnd verbracht. Wir, das sind meine Frau Feli, die Skipperin, ich, Walter, der Skipper und unser Bordhund Timmy, ein English Springer Spaniel. Spätestens zum jährlichen Osterfest sollte mit unserem Schiff angesegelt werden, was uns auch meistens gelang. Als immer zu kurz empfanden wir die Zeit auf unserem Schiff, sie raste nur so dahin. Das nahende Ende der meistens nur fünf bis sechs Monate dauernden Segelsaison wurde uns ständig sehr deutlich, wenn wir in den letzten Augusttagen den Fragebogen unseres Hafenbüros aus Hindeloopen in unserem Briefkasten fanden. Hier sollten wir uns möglichst kurzfristig über die Art des gewünschten Winterlagers für unser Schiff äußern. Diese kalte, dunkle und für Segler „freudlose" Zeit wollte immer nicht enden und wurde nur unterbrochen von der Bootsmesse in Düsseldorf. Die Nähe unseres Heimatortes zum Messegelände gab und gibt uns jedes Jahr die Möglichkeit, mindestens für drei Tage dieses große Wassersportereignis zu besuchen. Irgendetwas haben wir immer zu besorgen und wo kann man sich besser informieren als auf einer der größten Bootsmessen. Hinzu kam die dort verbreitete maritime Atmosphäre, die unsere Freude auf die kommende Saison beflügelte. Bekannte Schiffswerften und Ausrüs-

7

ter sind von uns mit Fragen gelöchert worden. Alleine diese Gespräche und die Besichtigung der ausgestellten Yachten brachten uns unserem eigenen Schiff immer sehr nahe.

Wenn die Tore der Düsseldorfer Boot sich schlossen, war der Start in die neue Segelsaison nicht mehr weit. Zumindest bildeten wir es uns immer wieder gerne ein.

Unser Bordhund Timmy fand in unserem Kombi-Auto kaum Platz, weil alles Notwendige bis unter das Dach geladen war, wenn wir spätestens Ende März das erste Mal im Jahr wieder nach Friesland zum Schiff fuhren. Hochdruckreiniger, Putzmittel, Werkzeug und Antifouling waren im Auto gepackt. Im langen Winter reparierte oder überarbeitete Ausrüstungsgegenstände, Polster und Gardinen sowie viele andere gut über die kalte Jahreszeit gebrachten Gegenstände reisten so im Frühjahr zum Schiff, um im Herbst wieder die Rückreise anzutreten.

Unser neues Schiff (von Felicitas Vollstädt)

Irgendwann waren wir aus unserem Schiff, der „Charly", „herausgewachsen". Ein bisschen mehr Komfort, technische Einrichtungen und vor allem etwas mehr Geschwindigkeit sollten den Spaß am Segeln bringen. In unserem Heimathafen Hindeloopen am Ijsselmeer entdeckten wir 1994 bei einem Yachtmakler eine Bavaria 320, zwei Jahre alt, mit allem, was wir uns schon immer wünschten. Am nächsten Tag saßen wir schon zu ersten Kaufverhandlungen an Bord. Ein Probesegeln wurde vereinbart, dann noch ein paar schlaflose Nächte, das Schiff gehörte uns. Das nächste Wochenende konnten wir kaum erwarten. Unser erster Törn mit unserem neuen

Schiff stand bevor. Wir beeilten uns und gegen Mittag machten wir den ersten Schlag hinaus auf das Ijsselmeer. Es war bedeckt und der Wind blies mit 5-6 Beaufort. Wir setzten die Segel und probierten, möglichst hoch an den Wind zu segeln. Der Skipper stand am Ruder und ich als Bordfrau machte mich nützlich. Es war Zeit für ein Manöverbier. Ich steckte meinen Kopf in die Kajüte und hörte ein unbekanntes Summen. In diesem Moment sah ich Rauch. Innerhalb weniger Sekunden war der Boden im Salon nicht mehr auszumachen. Der Skipper ließ, alarmiert von mir, das Ruder los und sprang in die Kajüte, riss instinktiv das rechte Kojen Polster hoch und blickte dann, auf den Knien rutschend, in kleine züngelnde Flammen. Währenddessen reichte ich ihm vom Niedergang Badetücher und Kissen zum Ersticken der Flammen. Rauchschwaden quollen durch den Niedergang ins Freie. Die gesamte Situation war hektisch. Er drückte alles auf das Feuer. Die Sekunden dauerten eine Ewigkeit. Hustend und keuchend, einer Rauchvergiftung nahe, zog er sich den Niedergang empor bis in die Plicht. Keine Flammen mehr, nur noch abziehender Rauch. Es war geschafft. Wieder an Deck sahen wir uns um. Unsere „Thalatta" hat sich selber „beigedreht" und lag ruhig, sicher und ohne nennenswert Fahrt zu machen. Wir wussten, das ist unser Schiff.

Was war passiert? Der Voreigner hatte eine neue Bilgepumpe eingebaut. Leider wurde der Schwimmer nicht in Längsrichtung des Schiffes, sondern quer zur Schiffslinie installiert. Beim Einbau wurde die Pumpe richtigerweise direkt an die Batterie angeschlossen, jedoch ohne für die notwendige Absicherung zu sorgen. Durch die Lage beim Segeln wurde der Schwimmer angehoben und die Bilgepumpe sprang an. Die Pumpe lief lange Zeit, ohne Wasser zu pumpen. Dadurch entstand eine Überhitzung der Kabelverbindungen. Ohne entsprechende Sicherung war ein Brand nicht zu verhindern.

Wir hatten Glück, das Feuer früh genug zu entdecken und sofort die richtige Stelle, das Schiff war ja neu für uns, zu finden. Einen erheblichen Schreck bekamen wir nachträglich, als uns einfiel, dass wir unser Schiff noch nicht versichert hatten.

Neuer Heimathafen am Ballermann?

Nach vielen Jahren segeln im niederländischen Wattenmeer und auf dem Ijsselmeer waren wir dann wohl unzufrieden mit allem. Diese Unzufriedenheit hatte viele Gründe. Wir suchten eine andere Lösung. Es war zur Routine geworden, immer wieder zu den gleichen Orten im Ijsselmeer oder zu den Friesischen Inseln zu segeln. Über zwölf Jahre Friesland, meist schlechtes Wetter und nicht immer freundliche Gastgeber waren dann aber genug, um eine Entscheidung hin zu einem neuen Segelrevier zu treffen. Die Weisheit „Reviere verbrauchen sich" hatten wir einmal irgendwo gelesen. Mag wohl so auch stimmen. Es kam hinzu, dass die uns zur Verfügung stehende Zeit, die wir auf unserem Schiff verbringen wollten und konnten, deutlich mehr wurde.

Durch verschiedene Chartertörns auf den Balearen und der Türkei haben wir das Segeln im Mittelmeer kennengelernt. Das mediterrane Leben übte auf uns große Anziehung aus. Wir wollten in den Süden, nach Mallorca, dorthin, wo die Sonne scheint. Doch welcher Liegeplatz ist der Richtige? Eine Entscheidung soll fallen. Wir chartern über einige Jahre Schiffe in den Balearen und schauen uns die meisten Häfen Mallorcas von See kommend an. Mit dem Auto waren wir in fast allen. Nur einer kam von vorhinein nicht in Betracht, El

Arenal, der Inbegriff des Ballermann Tourismus. Wer will schon mit seiner Yacht dorthin? Palma, der „Club de Mar", stand auf unserer Agenda, war unser Wunsch.

In der Zeit der Suche nach einem Platz für unsere „Thalatta" bekam ich die Einladung eines Bekannten zum Segeln auf Mallorca. Die „SY Marabu" lag im Yachthafen El Arenal. Egal, Hauptsache segeln dachte ich. Vom Flughafen kommend fuhr mein Taxi bis zum Ende der Playa de Palma. Dort befand sich der Club Nautico, den wir als Heimathafen immer ausgeschlossen haben. Ich lernte diesen Sportboothafen kennen und hatte durch meinen Bekannten Kontakt zu anderen Seglern im Hafen. Nach nur kurzer Zeit wusste ich, dass wir dort hin wollen. Alles war so, wie wir es uns gewünscht hatten. Er wurde unser Hafen. Vom niederländischen Ijsselmeer haben wir dann 1995 unsere Segelyacht „Thalatta" in den Club Nautico El Arenal an der Südwest-Küste Mallorcas verlegt. Die Entscheidung für Mallorca und den Yachthafen von Arenal als neuen Heimathafen für unsere „Thalatta" fiel uns leicht und steht bis heute nicht in Frage.

Club Nautico Arenal

Ja, es ist wahr, es muss ein verträumter Flecken Erde gewesen sein, diese Playa de Palma, an der vor vielleicht 40 Jahren nur Strand und Dünen zu sehen waren und nur einige einfache kleine Häuser standen, bewohnt von Fischern, die dort ihre Heimat hatten. Von Ca'n Pastilla bis zum etwa sechs Kilometer entfernten Yachthafen von S'Arenal stehen heute hunderte Hotels, unübersichtlich viele Pensionen, Kneipen, Restaurants, und sonstige Attraktionen für den Pauschaltouristen, der vorwiegend aus Deutschland kommt. Der Tourismus wirkt hier, ähnlich einigen Orten an der spanischen Mittelmeerküste, übermächtig, fast erdrückend.

Die Regierung der Balearen hat jedoch in den letzten Jahren mit der Umgestaltung der Promenade positive Zeichen gesetzt. Hunderte von Palmen zieren heute die von Ca'n Pastilla bis zum Yachthafen von S'Arenal durchgehend neu gestaltete, fußläufige Strandpromenade. Die Begrenzungsmauer zwischen dem Strand und dieser Promenade hat eine ideale Sitzhöhe und bietet auf einer Länge von ca. 6 km wohl einer der längsten Sitzbänke Spaniens. Der Autoverkehr ist auf das äußerst Notwendige reduziert worden. Selbst im Winter ist an der Playa de Palma noch Leben und Aktivität zu spüren.

Es wäre ein Fehler, nennt man den Yachthafen von S'Arenal im direkten Bezug zur Playa de Palma. Der Besucher erlebt in diesem Hafen eine andere Welt. Der sicherlich vorhandene Ferientrubel bleibt vor dem Eingang zum Clubgelände zurück. Es herrscht eine ausgesprochen angenehme Atmosphäre, nicht zuletzt dadurch, dass man sich kennt und wenn man will, nie alleine ist, auch außerhalb der Saison. Wir möchten mit keinem Hafen auf Mallorca als festem Liegeplatz tauschen. Die Gründe sind vielfältig. Wir schätzen die sehr gepflegte Anlage, den guten Service, die Ruhe im Hafen, den Abstand zur Touristenmetropole, aber auch die Möglichkeit am Trubel teilzunehmen, also auch einmal mitten drin zu sein. Den Flughafen in der Nähe zu haben, auch im Winter eine funktionierende Infrastruktur vorzufinden, sonntags einkaufen gehen zu können, Palma mit dem Bus in 15 Minuten zu erreichen und vieles mehr. Die meist gut funktionierende Sicherheit hat diesem Hafen in der Yachtszene einen guten Ruf eingebracht. Trubel mit Baller-

12

mann-Ambiente sucht man vergebens. Durch seine über 600 Liege-plätze zählt er zu den größeren Hafenanlagen der Insel. Alle An-nehmlichkeiten, die ein Schiff und die Besatzung benötigen, sind in unserem Hafen vorhanden.

All denjenigen, die glauben, in El Arenal gibt es nur saufende und grölende Kegelvereine, sei gesagt, dass es in und um Arenal mehr gibt als Ballermann, Oberbayern und Bierstraße. Ich habe viele Kurzzeittouristen getroffen, die tatsächlich nur die Kneipenszene kennengelernt haben, aber auch nur kennenlernen wollten. Dass deren Wissen beschränkt ist, dürfte klar sein.

Auch El Arenal, wie jeder andere Ort in Spanien, erschließt sich einem erst, wenn man sich in der Landessprache verständlich ma-chen kann. Es ist ein Irrglaube, meint man, mit Deutsch überall klarzukommen. Zum Bestellen eines Bieres oder einer Pizza mag es reichen. Spätestens in der dritten Querstraße wird der Sprachenun-kundige scheitern. Wir versuchen Spanisch zu lernen, was von unse-ren spanischen Gastgebern anerkannt wird.

Endlich wieder an Bord

Die letzten Termine im Büro liegen hinter uns, die letzten Kunden waren hoffentlich zufriedengestellt und alle Besorgungen für unse-ren Segeltörn erledigt. Es ist Mitte Juni, und die letzten Tage vor dem Flug auf „unsere Insel" ziehen sich mal wieder wie Gummi. Fünf Wochen Ferien auf unserem Schiff liegen nun vor uns. Ein erhebendes Gefühl. Nur keine Hektik aufkommen lassen, wir haben ja Zeit. Alleine vier Wochen soll der reine Törn dauern. Die andere Zeit bleibt für das Klarieren des Schiffes vorher und nachher. Der Flug von Düsseldorf in die Balearen Hauptstadt Palma dauert weniger als zwei Stunden. Timmy unser Bordhund muss für die Dauer des Fluges in seine Transportkiste und erlebt den Flug im Gepäckraum des Fliegers. Von Mitreisenden hören wir darüber oft bedauernde Worte. Unseren Bordhund scheint diese Art der Reise nicht zu stören, denn er geht ohne zu murren und ohne irgendwelche Beruhigungsmittel in seine Flugkiste. Dadurch, dass er uns so oft nach Spanien begleitet, eigentlich immer, hat er sich wohl daran gewöhnt. Wir glauben jedoch auch, er weiß, dass am Ende seiner kurzen Gefangenschaft schöne Zeiten auf ihn zu-kommen. Er kann sich sicher sein, unsere Aufmerksamkeit und unsere Zeit zu haben. Wir gehen viel spazieren und das Spielen mit uns am Strand ist für Timmy das Größte.

Eine Woche vor dem Pfingstfest 1999 sind wir nun in unserem Heimat-hafen. Wir freuen uns, viele Bekannte und Freunde wieder zu sehen. Endlich schwankende Planken unter uns. Unser zweites Zu-hause hat uns wieder. An Bord sind die Rollen verteilt. Feli sorgt für Ordnung und Sauberkeit unter Deck. Innerhalb kürzester Zeit verwandelt sie unsere Thalatta von innen in eine gemütliche Wohnatmosphäre. Das unser Schiff auch von außen einen guten Eindruck macht ist meine Aufgabe und hier gibt es viel zu tun. Der vor einigen Tagen mit Regenfällen heruntergekommene Saharasand hat so seine Spuren hinterlassen. Die Thalatta benötigt sofort eine Dusche. Bleibt noch unser Timmy übrig. Auch er hat seine Aufgaben, denen er sich unzweifelhaft stellt. Keine Stelle auf unserer Yacht, weder innen noch außen, bleibt von seiner Nase verschont. An seiner Körperhaltung und seiner Heftigkeit beim Schnüffeln können wir erkennen, ob seine gewonnenen Informationen für ihn positiv oder negativ sind. Großartige Vorbereitungen für unseren diesjährigen Sommertörn sind eigentlich nicht notwendig. Während vor einigen Wochen in unserer niederrheinischen Heimat der Rosenmontag ausgelassen gefeiert wurde, verbrachten wir unsere Zeit mit dem Aufbringen der Antifouling - Beschichtung des Unterwasserschiffes und dem Polieren unserer Segelyacht „Thalatta".

Ostern hatten wir, gemeinsam mit Freunden, mit einem kurzen Törn zur „Isla de Illetas" die Saison eröffnet und für den Sommertörn alles Notwendige gebunkert. Konserven, Wasser, Bier und was wir sonst noch brauchten und sich bis zum Sommer hält, wanderte in die Backskisten unserer „Thalatta".

Die Leinen sind los

Vier Wochen Zeit haben wir uns für den diesjährigen Sommer-Törn genommen. Als Ziel peilen wir den Süden des spanischen Festlandes an. Vielleicht bringt uns der Wind bis zur Costa del Sol. Gerne würden wir sogar bis nach Gibraltar vorstoßen, aber über dieses doch für vier Wochen sehr weite Ziel sprechen wir nur kurz.

Es ist Montag, Pfingstmontag. Gegen 23.00 Uhr sind wir startklar. Kurz vor unserem Hafen befindet sich die Bar Las Sirenas. Auf der Terrasse, mit dem wunderschönen Blick über die Playa de Palma, gönnen wir uns noch eine besonders gute Lubina (Wolfsbarsch) und sitzen anschließend noch mit Crews anderer Schiffe gemütlich zusammen. Die Eigner der Segelyacht Alegria, einer 39 Fuß Sunbeam, Heinz und Liesel, so hören wir, wollen auch heute Nacht in Richtung Festland aufbrechen.

Unser erstes Etappenziel soll Puerto de la Sabina auf Formentera sein. Der Kurs ist mit 235° auf der Seekarte abgesteckt und zusätzlich läuft der elektronische Kartenplotter in Verbindung mit dem GPS, welcher uns 77 SM bis La Sabina errechnet.

Unser Club Nautico Arenal strahlt in dieser Nacht die von uns so geschätzte Ruhe aus und nur von Weitem ist ein Summen der Touristenmetropole an der Playa de Palma zu hören. Die Versorgungsverbindungen unseres Schiffes für Strom und Wasser sind eingeholt, die Bugleiter ist verstaut und unser BHT (Bordhund Timmy) läuft aufgeregt an Deck umher und springt hin und wieder auf unser Dingi, welches wir zwischen Mast und Sprayhood kopfüber festgezurrt haben. Von diesem erhöhten Punkt aus beliebt es unserem kleinen Matrosen bisweilen, alles zu beobachten.

Feli hat die Vorleinen schon fast klar zum Ablegen, als sich die Maschine nicht starten lässt. Nur ein lautes Klackern des Anlassers, welches mir in Mark und Bein geht, ist zu vernehmen.

Sollte die separate Starterbatterie trotz Batteriescheck vor zwei Tagen defekt sein?

Das Umklemmen der Verbraucherbatterie gibt mir recht. Meine Diagnose ist richtig. Ein solch kleines Problem bringt uns nicht aus der Ruhe. Da uns ja niemand treibt, machen wir eine Flasche Vina Sol auf und verschieben unsere Abreise auf den nächsten Tag, vorausgesetzt, unsere „Thalatta" ist einsatzklar.

Wir beginnen den neuen Tag mit einigen Runden im Pool, recht früh. In Palma kann ich eine neue Starterbatterie für unsere „Thalatta" erstehen. Der Einbau ist in einigen Minuten erledigt. Die Dieselmaschine springt wie gewohnt sofort an.

16

Innerlich haben wir mit einer längeren Zwangspause gerechnet. Vielleicht ist das der Grund, der uns zu keinen großartigen Aktivitäten treibt. Wir wollen nicht sofort starten, sondern verbringen den Rest des Tages mit faulem Hafenleben und mit Plaudereien bei anderen Eignern.

Ein Teil der Crew bei der Badepause

Club Nautico Arenal/Mallorca

In der Lagune von Espalmador

Die Crew der SY Thalatta

Sonnenuntergang im Club Nautico Arenal

Bordleben mit Bordhund Timmy

Der Skipper

Paella an Bord

Am frühen Morgen

Durch die Nacht, Richtung Süd-West

Wir haben die Nachricht erhalten, dass die „SY Alegria" mit Heinz und Liesel im Yachthafen von Santa Eulalia auf Ibiza angekommen ist. In den nächsten Tagen wollen die beiden weiter nach Formentera segeln. Vielleicht kreuzen sich unsere Wege und wir treffen die „Alegria". Es ist später Nachmittag. Wir verlassen nun gut gelaunt und voller Tatendrang unseren Heimathafen Arenal. Die „Thalatta" fährt ihren Kurs in Richtung Formentera schnurgerade, gesteuert

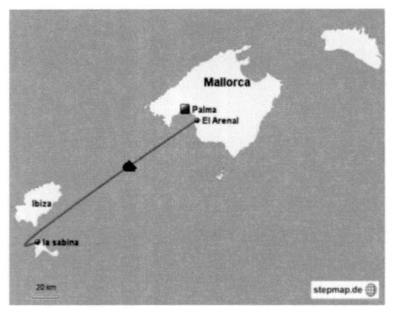 von dem Autopiloten. Bei einer ungefähren Durchschnittsgeschwindigkeit von fünf Knoten rechnen wir mit einer Fahrzeit von etwa fünfzehn Stunden. Bei herrlichem Sonnenschein, aber ohne Wind, fährt unser Schiff leider mit Motorkraft und nicht unter vollen Segeln auf dem spiegelglatten Wasser in Richtung Süd-West. Unser Bordhund Timmy ahnt wie so oft, dass er für viele Stunden nicht seine gewohnten Spaziergänge an Land machen kann. Leider ist Timmy nicht dazu bereit, an Bord sein Geschäft zu erledigen. Es wäre mit einer Pütz Seewasser schnell aus der Bordwelt. Ohne Übertreibung kann Timmy als Bordhund bezeichnet werden. Schon als Welpe hatte er schnell erkannt, dass die Lee Seite, also die windabgewandte Seite des Schiffes, die für ihn bequemste Seite ist, wenn unsere Thalatta beim Segeln auf der Backe liegt. Bei einer Wende ist er oft schneller auf dem anderen Bug als die „Thalatta". Im Welpenalter von zehn Wochen war Timmy das erste Mal an Bord und hat sehr schnell gelernt, wie man sich als Hund auf einem Schiff bewe-

22

gen sollte. Hunde haben den Reflex, ihre Krallen dann auszufahren, wenn der Halt ihrer vier Pfoten gefährdet ist. Dieses ist beim Segeln auf einem Kunststoffschiff bei Lage natürlich schnell der Fall. Unser vierbeiniger Matrose Timmy hat jedoch schnell begriffen, dass er ohne Krallen, also mit seinen vier Ledernoppen an jeder seiner Pfote, die optimale Rutschsicherheit hat. Zur Folge hat dies jedoch, dass er schnell übermütig wird und bei jedem Wetter zu seinem Lieblingsplatz, an die Bugspitze möchte.

Timmy unser Bordhund

Als English Springer Spaniel ist Timmy von der Rasse her ein Jagdhund. Wir sind aber froh, dass er sich an Bord sehr wohl fühlt und so ein perfekter Yachthund ist. Unsere früheren Nachbarn in Hindeloopen am Ijsselmeer hatten eine Cockerspaniel Hündin, der, sobald die familieneigene Segelyacht in Blickweite kam, umgehend schlecht wurde und die sich spätestens an Bord übergeben musste. Aber so war sie im Mittelpunkt des Familieninteresses.

Cabo de Cala Figuera sehen wir Steuerbord querab. Das ruhige Wasser lässt es zu, dass ich eine Paella zum Abendessen bereiten kann. Alle notwendigen Zutaten, in erster Linie das „preparado de Paella", hatte ich noch heute schnell eingekauft.

Als Hobbykoch bin ich immer wieder fasziniert von dem umfangreichen Angebot, selbst in normalen Supermärkten, insbesondere was Fisch und Meeresfrüchte betrifft.

Der Autopilot hält unseren Kurs von 235°, eine leichte Brise aus Ost streift unser Deck, aber noch zu wenig, um die Segel zu setzen. Unsere Segelbekleidung hängt nur müde am Mast und bringt uns nicht auf Kurs.

Bei einem Glas eiskalten, spanischen Weißwein und der frischen Paella sitzen wir am Cockpit-Tisch und genießen, genießen, genießen ... Timmy hat seinen Napf vorher bekommen, damit er satt ist, wenn wir essen. Aber das hält ihn natürlich nicht davon ab, zu betteln.

Wir erleben mal wieder einen von diesen faszinierenden Sonnenuntergängen, der auf See sowieso aufregender ist als an Land. Blutrot ist das Wasser am Horizont, das Meer scheint an dieser Stelle zu kochen, keine Wolken oder Landmarken stören. Es herrscht Ruhe an Bord, keiner sagt einen Ton. Auf der Steuerbordseite sitzend, erleben wir dieses immer wiederkehrende Naturschauspiel aus bester Position. Selbst Timmy, so scheint uns, ist beeindruckt. Über die Meere zu segeln und diese, unsere Welt und die Freiheit auf dem Wasser zu erleben, den Wind im Gesicht zu spüren, ja um die Nase wehen zu lassen und dabei auch das Salz auf der Haut zu spüren. Die Sehnsucht nach dem weiten, endlosen Meer, den wogenden

Wellen ist nicht jedem vergönnt und nicht jeder hat innerlich Zugang zu dieser Lebensweise.

Alle Skipper, die immer wieder ein Argument finden, nicht den Hafen zu verlassen, bringen sich selbst um diese schönen Momente unseres manchmal, sicherlich oft verfluchten, aber dennoch wunderschönen Sports. Wie heißt es so schön an den Theken der Yachthäfen: „Jeder Segeltag ist ein verlorener Hafentag". Es stehen eben viele Träger des „Blauen Bandes der Stegsegler" an den Theken aller Yachthäfen.

Die Sonne hat uns nun im Westen für heute verlassen und hinterlässt eine tiefrote Himmelsfärbung, die am Horizont die See und das Firmament scheinbar verschmelzen. Wenn sie im Osten wieder aufgeht, werden wir unserem Ziel sehr nahe sein. Die „Thalatta" fährt mit uns in die Nacht.

Es dauert lange bis die Lichter Mallorcas achteraus nicht mehr zu sehen sind. Wir können kein Land mehr ausmachen. Die Leuchtfeuer von Cabo Figuera und der Insel Cabrera begleiten uns noch einige Zeit, aber irgendwann verschwinden auch diese am Horizont. Alleine mit der Natur nur auf uns gestellt, vertrauen wir dem Schiff und unseren seglerischen und navigatorischen Fähigkeiten.

Wir haben eine Einteilung von ca. drei Stunden für die Freiwache vereinbart. Bei schwererem Wetter halten wir jedoch kürzere Zeiten für sinnvoll. Während meiner ersten Freiwache kommt Wind aus Nord-Ost, sodass Feli die Fock, unterstützt durch den Spinnakerbaum, setzt. Diese Aktion habe ich nicht mitbekommen und die Tatsache, dass Feli in der Nacht alleine auf dem Vorschiff den Spibaum bedient hat, führt zu einer regen Diskussion. Das war eindeutig zu gefährlich. Sie hätte mich dazu rufen sollen.

Die Maschine ist aus. Wir hören nur den Wind und die See. Für uns Musik. Wir segeln. Endlich.

La Luna (spanisch weibl. der Mond) begleitet uns und sorgt für eine hervorragende Sicht in dieser Nacht.

Mit rauschender Fahrt bei fünf bis sechs Knoten Geschwindigkeit zieht die „Thalatta" ihre Bahn durch die, mehrere hundert Meter tiefe, tintenblaue See unserem Ziel entgegen. Wir sind fast alleine in diesem Seegebiet. Einen Frachter und einige Fischerboote können wir weit hinten am Horizont ausmachen. In der Plicht ist unser Timmy wohl tief und fest eingeschlafen. Angeleint bekommt er von der Fahrt nichts mit, will er wohl auch nicht!

Ich liege auf der Steuerbordseite und döse vor mich hin, während Feli mit der Führung unseres Schiffes beschäftigt ist. Aus Sicherheitsgründen tragen wir nachts eine Schwimmweste und sind außerhalb des Cockpits durch eine Sicherheitsleine mit dem Schiff verbunden. Zum Schlafen oder Träumen bleibt während der Wache kaum Zeit. Kurskontrolle mit Hilfe des GPS und alle zwei Stunden Positionseintragung in die Seekarte, die Stellung beider Segel im Verhältnis zum Wind überprüfen, Funküberwachung auf UKW Sicherheitskanal Kanal 16, in Abständen eine Rundumsicht, ob wir auf Kollisionskurs mit anderen Schiffen sind, auf ungewöhnliche Geräusche achten und dabei die eigene Sicherheit nicht vernachlässigen.

Man sieht, es wird gerade nachts nicht langweilig an Bord. Unabhängig vom GPS kann ich in den frühen Morgenstunden eine Kreuzpeilung mit den Feuern La Mola auf Formentera (Reichweite 23 SM) und Tagomago bei Ibiza (Reichweite 17 SM) durchführen und diese in die Karte übertragen.

26

Wenn die Dunkelheit geht und das Morgengrau den neuen Tag ankündigt, fällt nach einer durchsegelten Nacht immer eine gewisse Spannung ab. Uns geht es jedenfalls meistens so.

Wir entfernen den Müll der Nacht in eine Tüte, um diese im nächsten Hafen zu entsorgen. Wir räumen das Schiff auf und machen alles frisch für den neuen Tag. Wir wollen ihn nicht mit der Last von gestern beginnen. Kurz vor der Insel Espardrell, die nordöstlich von Formentera liegt, erleben wir einen traumhaft schönen Sonnenaufgang. Unser Kompasskurs zeigt 230° und fast in unserem Kielwasser im Osten steigt sie in scheinbar voller Kraft aus dem Meer. Die Sonne. Das dabei entstehende Farbspiel am Horizont ist und bleibt immer wieder faszinierend. Während ich meinen Skipperpflichten nachgehe, sitzt Feli im Bugkorb und lässt sich den Wind, der hier schon nach Pinien gepaart mit Salz riecht, um die Nase wehen. Es dauert nur Sekunden und unser Bordhund  Timmy sitzt auf dem Schoß von Feli. Ein kaum zu glaubendes Bild, die beiden im Bugkorb. Unter ihnen das tiefblaue Wasser. Auf der Backbordseite werden die Umrisse Formentera's immer deutlicher. Die kleine Pityusen Insel liegt unterhalb der Südspitze Ibizas, der Punta Portas, auf der ein Turm steht.

Wir passieren die Nordspitze von Espalmador und haben dort auf Untiefen zu achten. Rege Schiffsbewegungen fordern unsere Aufmerksamkeit, insbesondere die Fähren von und nach Formentera, die die Versorgung dieser südlichsten Balearen Insel aufrechterhalten und tausende Touristen befördern. Seit einigen Jahren wird dieser Fährverkehr auch mit Schnellbooten durchgeführt, die stur ihren

Kurs halten. Als Segler ist man gut beraten, sich frei zu halten. In Richtung La Sabina bleibt man nach der Passage zwischen Ibiza und Formentera entweder zwischen der fünf Meter bis zehn Meter Tiefenmarke oder macht einen größeren Schlag nach Osten und läuft dann mit einem süd-westlichen Kurs in den Hafen. Bei der Einfahrt ist der auslaufende Schiffsverkehr zu beachten. Die neuerdings ausgelegten Tonnen sollten dicht an Backbord gefahren werden. In der Durchfahrt zwischen beiden Inseln, die ungefähr drei Seemeilen breit ist, liegen zahlreiche Inseln, Felsen und Untiefen, sodass sie praktisch in drei verschiedene Passagen unterteilt ist. Die zu Punta Portas nächstgelegene Durchfahrt Freu Chico kann nur mit Erfahrung, bei ruhiger See und nur mit geringem Tiefgang passiert werden. Die zwei anderen, Freu Mediano und Freu Grande, sind problemlos zu meistern. Das Freu Mediano ist ungefähr 400 Meter breit, 3,90 Meter tief und liegt zwischen Islote Caragole und Isla Ahorcados. Auf dessen Südspitze steht ein schwarzweiß gestreifter Leuchtturm. Das Freu Grande ist eine SM breit und ca. sechs Meter tief. Es liegt zwischen Isla Ahorcados und Isla Puercos, welche auch durch einen schwarz-weiß gestreiften Leuchtturm markiert sind.

Wir passieren die Einfahrt zur Lagune von Espalmador in Richtung La Sabina. Bei bedecktem Himmel und mittlerweile vier Beaufort kann bei uns leider keine Formentera Stimmung aufkommen. Alle die, die Formentera kennen und lieben, werden uns verstehen. Diese Insel ist nun mal am schönsten, wenn die für Formentera charakteristischen, intensiven Farben, das besondere Licht und die Gerüche zum Ausdruck kommen, eben bei Sonnenschein.

Unsere geliebte Insel Formentera, die südlichste Insel der Balearen und kleinste Insel der bewohnten Pityusen-Inseln, ist durch einen ca. drei Meilen breiten, mit Klippen durchsetzten Kanal von Ibiza getrennt und hat eine Fläche von 96 Quadratkilometer. Die Form dieser Insel gleicht einem Hammer.

Es gibt auf Formentera nur vier Orte, allesamt an der Straße vom Hafen bis zur Hochebene gelegen. Das Hauptstädtchen San Francisco Javier. Der Hafen Sabina, wo jeder Besucher zwangsläufig die Insel zuerst betritt. San Fernando mit der Fonda Pepe, die in den 60er und 70er Jahren Treffpunkt der europäischen Blumenkinder war. Auch heute noch hat die Fonda Pepe ihre Atmosphäre nicht verloren. Der kleine Ort Nuestra Senora del Pilar liegt auf der Hochebene von La Mola. Hier findet jeden Sonntagmorgen ein Markt statt. Neben diesen vier Orten mit Tradition gibt es noch Es Pujols, den Ort mit dem größten Touristenaufkommen der Insel. Erst mit der Erschließung als Ferienort bekam er seine heutige Bedeutung.

Formentera

Um 9.00 Uhr machen wir an der Hafen Tankstelle in La Sabina fest. 15 Stunden haben wir für rund 80 SM gebraucht. Mit einem Schnitt von 5,3 SM in der Stunde können wir zufrieden sein. Während ich das Frühstück im Cockpit herrichte, bekommt Timmy seinen verdienten Landgang und begrüßt Formentera sehr lange an der ersten Laterne, eben auf seine Art. Das Hafenbüro hat gerade geöffnet und Felicitas hat uns einen schönen Platz reserviert. Wir bevorzugen in La Sabina die Plätze der Marina Formentera Mar. Da diese unterhalb der Geschäftzeile parallel zu der Palmenreihe liegen und von den Abgasen der Fährschiffe nicht so sehr beeinträchtigt werden, wie die Liegeplätze im nordwestlichen Teil des Hafens in unmittelbarer Nähe des Hafenterminals. Die Hafengebühren sind in beiden gleich. Ich sehe von weitem, wie Timmy ausgelassen seine Freiheit nutzt und mehr springt als läuft. Ist ja auch ein Englischspringer. Bei der Rückkehr der beiden haben wir, wie auch zu erwarten war, einen nassen Hund an Bord, aber auch einen schönen Platz im Hafen. Wir frühstücken ausgiebig und warten, dass die Tankstelle aufmacht, damit wir unseren Dieselvorrat ergänzen. Wir wollen eine Weiterreise in den nächsten Tagen nicht abhängig von den Öffnungszeiten der Tankstelle machen. Um jederzeit startklar zu sein, habe ich den Dieseltank immer gerne gefüllt. Es ist wohl früher Nachmittag, als wir die „SY Alegria" in der Hafeneinfahrt ausmachen. Da neben uns ein Platz frei ist, betätigen wir uns als Marineros und lotsen Heinz und Liesel zu uns. Zum Sundowner treffen wir uns auf der „Alegria". Timmy schaut uns fassungslos nach, als wir, ohne ihn mitzunehmen, zur „Alegria", die nun neben uns liegt, übersteigen. Normalerweise verlassen wir unser Schiff vorne oder achtern, aber nie seitlich. Timmy scheint irritiert. Er ist es gewohnt, meistens mit der Nase dabei zu sein. Feli und ich haben vereinbart, ihn nur auf ausdrücklichen Wunsch der Gastgeber mitzunehmen, denn wir verstehen schon, dass nicht jeder gerne einen Hund an Bord oder in seiner Wohnung hat. Er macht sicherlich viel Schmutz und Unannehmlichkeiten, aber er gibt viel mehr an Treue und schöner Momente zurück, uns jedenfalls. Wir verabreden uns mit Heinz und Liesel zum Abendessen und schwärmen den beiden vom Louisiana, gelegen im neuen Bereich des Hafens, vor. Dieses Restaurant, welches unter französischer Leitung ist, haben wir, von unserer letzten Reise nach Formentera, in sehr guter Erinnerung. Besonders die exotischen Salate sowie die scharfen Pizzen mit viel Knoblauch habe ich nicht vergessen. Wir bekommen einen wunderschönen Platz im Restaurant, mit Blick auf den Hafen und in Richtung der alten Salzmühle. Aber oh Schreck! Besitzerwechsel, Namenswechsel, Kochwechsel und leider auch Qualitätswechsel. Später hören wir, dass Partnerschaftsprobleme der Vorbesitzer die Ursache war, wie so oft.

Der zweite Tag auf Formentera bringt zuerst starke Bewölkung und fünf bis sechs Beaufort aus Ost. Pinneberg meldet über unser Fastnet Radio für die nächsten Tage Ost bis Nord-Ost. Unsere Navtex Meldungen widersprechen sich nicht. Christoph auf 14313 (ein deutscher Funkamateur mit immer dem neusten Wetter auf der Kurzwelle) deutet die Wetterkarte so, dass im gesamten Mittelmeer schönes Wetter vorherrscht, nur im westlichen Teil, wo wir uns aufhalten, befindet sich ein Tiefausläufer aus Portugal und Zentralspanien Am frühen Nachmittag sehen wir endlich die Sonne. Unsere Fahrräder haben wir schon gestern aus der Backskiste  geholt. Sie warten nun am Steg auf ihren Einsatz. Feli beschließt, mit Timmy in Richtung der Salinen zu fahren. Ungezählte Buchten, eine schöner als die andere, laden zum Baden in türkisfarbenem Wasser ein.

Schwimmen, wie Kinder im glasklaren Wasser planschen, die Sonne auf den Bauch scheinen lassen, sich den Tagträumen hingeben, sich frei fühlen und das alles, wer will, ohne Badehose. Auch Timmy kann sich austoben, ohne dass es jemanden stört. Ich bleibe vorerst auf dem Schiff und montiere meinen auf der letzte Messe, der Boot-Düsseldorf, erworbenen Air-Shair auf dem Vorschiff. Dieses ist eine Art Hängematte mit einer zusätzlichen Stütze für die

Füße, in der man allerdings sitzt. In Position wird dieses, sagen wir mal Sitz-Schlafmöbel, mit dem Spinnakerfall gebracht. Ich habe noch nie so bequem gesessen und glaube nicht zu viel zu verraten, wenn ich sage, man kann auch superbequem in dieser Konstruktion schlafen. Eine Leine zum Vorstag kombiniert mit einer Curry-Klemme bringt den noch benötigten Abstand zum Mast. Eine insgesamt solide und in einem Sack gut zu verstauende Bordergänzung. Geschwitzt habe ich nun genug. Am Strand die Zeit totschlagen und im türkisfarbenen Wasser zu schwimmen steht nun auf meinem Programm. Meine beiden Bordgenossen entdecke ich in

einer kleinen, nur etwa zehn Meter breiten Bucht mit einem leicht abfallenden Strand. Traumhaft, Karibikflair und weit und breit kein Mensch. So kennen wir seit langen Jahren Formentera, die Insel mit den tausend Stränden. Auf der Rückfahrt zum Schiff besuchen wir noch zwei deutsche Frauen, die in Sabina einen Laden mit Wohndesign betreiben.

Feli bestellt vier Kissen in gelbem Mallorca-Stil für unsere Gartenmöbel in Deutschland. Die gleichen hatten wir im letzten Jahr ebenfalls dort gekauft. Sollten wir auf der Rückreise Formentera anlaufen, werden wir sie fertig genäht abholen, ansonsten erhalten wir sie per Post nach Hause, zum Niederrhein.

Wenn es auf Formentera nicht ganz so heiß ist, lohnt sicherlich ein Ausflug zum „Römerweg", der sich vom Hotel „Sol y Pinos" in Es

Calo hoch bis zum Plato Sa Mola windet. Er endet in etwa am Restaurant Mirador. Die Strecke ist in ein bis zwei Stunden gut zu schaffen. Wie alt dieser Weg ist und ob er wirklich von seinen Namensgebern, den Römern, erbaut wurde, ist strittig. Fest steht lediglich, dass vor etwa 300 Jahren der schlechte Zustand schriftlich beklagt und niedergeschrieben und 100 Jahre später eine Instandhaltung durchgeführt wurde. Dieses wiederholte sich zum Ende dieses Jahrhunderts, sodass wohl zurzeit von einem guten Zustand des Wanderpfades ausgegangen werden kann. Diejenigen, die diese Mühe des Aufstieges auf sich nehmen, kommen auf dem teilweise beschatteten Weg vorbei an einer kleinen Höhle, die in den 60er und 70er Jahren den Blumenkindern als Unterkunft diente. Man kann es unschwer an den Hippie Wandmalereien erkennen. Im weiteren Verlauf stößt man auf ein in den Boden geschlagenes Kreuz, dessen Deutung uns verborgen blieb. Am interessantesten empfinden wir jedoch immer die grandiose Panoramasicht auf die dann vor einem liegende Insel Formentera. Wir sind mehrere Male diesen Weg gelaufen. Das Meer zeigt sich gerade hier, wie so oft auf dieser Insel, in einem Rausch von Blautönen mit kleinen und großen türkisfarbenen Flecken. Erst hier habe ich gelernt, wie viele unterschiedliche türkise Farbtöne die Natur für uns bereithält. Ein Anblick, der uns immer zu einer Pause unter einer Pinie animieren kann.

Unsere Weiterreise zum spanischen Festland ist für morgen früh geplant. Die Wettervorhersage stimmt uns optimistisch. Mit dem ersten Morgengrau soll es losgehen.

Nach dem kulinarischen Reinfall gestern essen Feli und ich heute Abend hervorragend im Restaurant Aigua, direkt unterhalb der Marina de Formentera, gut zu erkennen an der mit einem Zeltdach geschützten Terrasse. Wir gönnen uns einen großen Fisch zu zweit. Gerne wären wir zu Yvonne, ein bekanntes Strandlokal (früher Pulpo) an der Playa Mitjorn, gefahren, um das berühmte Formentera Huhn zu essen. Ein ganzes Huhn im Salzteig gebacken mit einer sogenannten Formentera-Soße, deren Hauptbestandteile Feigen sind. Eines der besten Hühnchen, das ich je gegessen habe. Nach dem Essen holen wir unseren Timmy von Bord und spazieren durch den Hafen. Ein Abschiedsbier in der Bar El Gecko soll es noch sein, nur eins, vielleicht höchstens zwei. Mehr? Auf keinen Fall! Die Thalatta ist reiseklar. Wir auch! Noch! Heinz von der „SY Alegria" ist auf ein Bier ins El Gecko gekommen. Er eröffnet uns, dass er um Mitternacht Geburtstag hat, 50 Jahre wird und soeben beschlossen hat, mit uns in seinen runden Geburtstag zu feiern. Tun wir auch, sogar gerne. Nach dem x-ten Bier beschließen wir, die Abreise um 24 Stunden zu verschieben. Neben dem zu erwartenden dicken Kopf am anderen Morgen haben wir natürlich viele andere Gründe gefunden, in dieser Nacht nicht loszusegeln. Wir lassen nun mal sehr ungern eine Feier, besonders mit netten Leuten, sausen. Tragik am Rande. An der Theke lernen wir den Skipper einer anderen Yacht kennen, der uns berichtet, dass seine Frau und er sehr traurig sind. Ihrem Bordhund, einem Boxer, geht es sehr schlecht. Die Prognose des Tierarztes gab dem armen Kerl, der unten vor der Theke liegt, nur noch ein paar Tage auf dieser Welt. Selbst Timmy scheint zu merken, wie ernst die Lage ist, und lässt den kranken Hund in Ruhe. Am anderen Tag sollen wir erfahren, dass eine erlösende Spritze dem Leiden ein Ende bereitet hat. Der Boxer bleibt auf der Insel. Wir können die Trauer der anderen Crew gut verstehen. Timmy ist unser dritter Hund. Der nun folgende Freitag bringt uns und wohl auch Heinz von der „Alegria" die notwendige Ruhe. Wir benötigen diese auch dringend.

Im Laufe des Tages wird das Wetter immer besser. Der so wichtige Wind weht nun aus Nord-Ost. Da unser nächster Hafen den wir anlaufen wollen Alicante an der Costa Blanca sein soll, kommt der Wind aus Nord-Ost wie bestellt.

Wir verbringen den Rest des Tages an Bord und am Strand mit Faulenzen. Besonders freuen wir uns über die Einladung der "Alegria" zum Abendessen, um den 50sten des Skippers, nun zum zweiten Mal, gebührend zu feiern. Ein wunderbar in Salzkruste gebackener Fisch lässt die Augen von Feli und Liesel leuchten. Als wir das Restaurant Aigua unterhalb der Marina de Mar gegen 23.00 Uhr verlassen, sind wir sehr angetan vom guten Essen und dem hervorragenden Service des Personals. Ein Abschiedsdrink im El Gecko wird nicht so heftig wie gestern. Da Heinz und Liesel planen, nördlicher als wir ihren Kurs zum spanischen Festland abzustecken, verabschieden wir uns gegenseitig mit den besten Wünschen für beide Yachten. Wetterdaten und Navtex Meldungen hatten wir beim Essen besprochen.

Die Stimmung des Abschieds lässt mich an das Gedicht „Das Meer der Balearen" denken, welches man sich vielleicht zweimal durchlesen sollte, um es zu verstehen.

Blick von der Salzmühle nach Sabina

DAS MEER DER BALEAREN

von Miguel Angel Asturias

Aus dem spanischen übertragen

von Helmut Frielinghaus

Das Meer, das spiegelnd diese Insel pries, zeigt, wo noch
Pinien, wo Oliven stehen. Gesäumt von Feigenbäumen
und Kakteen, beginnt hier Tag um Tag das Paradies. Mühlen, die näher geistern - Zaubertaten des Windes, Flügel-
kreuze, kein Altar, Mühlen, doch kein Quijote....Säkular

der Turm am Meer der Berber und Piraten....

Sanftlippig kämpft das Meer, spült unverbissen

Um Inseln, die als Beute langer Reisen Eroberer gleich
Mädchen an sich rissen..... Stets war Geschichte Seefahrt
hier, verhieß Vernunft. Und für die Sehenden, die Weisen
beginnt hier Tag um Tag das Paradies

Kurs Spanisches Festland

Um 4.30 Uhr, es ist noch dunkel, heißt es auf der „Thalatta" Leinen los! Wir versuchen, so wenig Lärm wie möglich zu machen. Timmy musste auch noch eine Runde Gassi gehen. Uns steht ein langer Segeltag bis Alicante bevor und an Bord ist er ja nicht bereit, sein Geschäft in irgendeiner Weise zu erledigen.

Die Pityusen Insel Formentera mit dem Puerto de La Sabina liegt

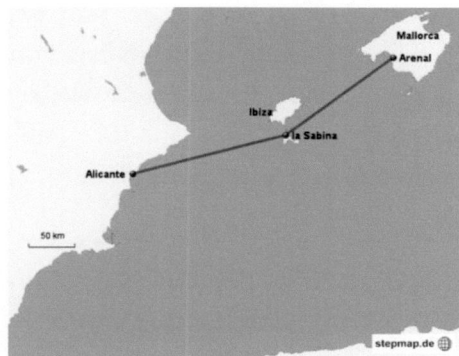

nun im Kielwasser. 265° zeigt unser Kompass-Kurs in Richtung Alicante und der Wind bläst mit drei Beaufort aus Südost. Schnell steht das Groß und dann die Fock. Die „Thalatta" schiebt sich mit fünf Knoten durch die nächtliche tintenfarbene See. Wir sind auf Kurs mit gutem Wind.

Ungefähr 100 SM liegen vor dem Bug unserer Thalatta bis zu unserem Ziel Alicante, der Hauptstadt der gleichnamigen spanischen Provinz, die zu der autonomen Region Valencia gehört. Bei einer Durchschnittsgeschwindigkeit von fünf Knoten würde diese nun vor uns liegende Überfahrt zum spanischen Festland 20 Stunden dauern. Es vergeht nur eine kurze Zeit und wir spüren die Wärme der in unserem Rücken aufgehenden Sonne. Sie schiebt sich schnell über die noch am Horizont zu sehende, nördliche Landzunge von Formentera. Gegen 10.00 Uhr schläft der Wind ein und wir entschließen uns schweren Herzens, den Motor zu starten. Stahlblauer Himmel und 28 Grad Celsius erlauben es uns, auf dem Vorschiff gemütlich zu machen. Selten sehen wir am Horizont ein anderes Schiff. Wir sind alleine. Unter uns mehrere hundert Meter Wasser, vor und hinter uns ebenfalls nur Wasser. Keine Landsicht mehr, soweit unsere Augen sehen können. Mit der Hoffnung auf einen guten Fang bringe ich meine Schleppangel achtern aus. Die Sonne zehrt und der Fahrtwind bringt kaum eine Abkühlung, wir schwitzen. Unser Vorrat an gekühlten nicht alkoholischen Getränken muss herhalten. Mit Tüchern versuchen wir uns vor den Sonnenstrahlen zu schützen. Auch unserem Bordhund Timmy gefällt es, vorne am Bug in die See zu schauen. Seit er im vorigen Jahr bei unserem Törn zum nördlichen Teil der Balearen vor der Küste von Menorca Delfine gesehen hat, denkt er, dass sie jederzeit wiederkommen müssten. Als Jagdhund ist dieses natürlich eine tolle Aufgabe. Sie fordert ihn und beschäftigt somit unseren Bordhund.

Der Autopilot hält stramm seinen Kurs und wir dösen in der Sonne, als uns das Seglerglück doch noch erreicht. Zwei bis drei Beaufort achterlich als querab. Das heißt für uns natürlich, den Blister an Deck zu holen. Unsere liebste Art zu Segeln. Schnell ist das Vorschiff aufgeräumt, die Schoten klariert und unser bunter Blister aus der Backkiste zum Aufheißen auf dem Vorschiff bereitgelegt. Alles andere geht bei einem so gut eingespielten Team wie uns wie von selbst.

Der Skipper schreit, die Skipperin natürlich zurück, der Hund duckt sich in der Plicht. Dennoch, nach einigem hin und her und einer mittleren Ehekrise steht der bunte Halbwinder vor dem Wind wie gemalt. Die Crew, ohne Bordhund, genehmigt sich ein Versöhnungsbier, Timmy wedelt mit seinem kurzen Sterz und die Drei von der „Thalatta" genießen das Segeln.

38

Der kühle Fahrtwind berauscht, segeln wie aus einem Bilderbuch. Seglertraum in Perfektion, wie man es eigentlich nur aus Werbefilmen kennt, die auf Bootsmessen von angehenden Chartergästen ehrfurchtsvoll betrachtet werden.

Fast sechs Stunden steht der Blister wie betoniert vor dem Bugkorb auf der Backbordseite und zieht uns kraftvoll ohne murren in Richtung Alicante. Nur das Rauschen der See, die unser Bug teilt, ist zu hören. 30 Seemeilen segeln wir unter unserem bunten Vorwinder und überqueren dabei den Greenwich Längengrad, den Nullmeridian. Die „Thalatta" segelt nun auf der westlichen Erdhalbkugel.

Längst liegen wir wieder auf dem Vorschiff und lassen im Schatten der großen bunten Segel die Zeit an uns vorübergleiten. Der Schatten des Blisters und der Fahrtwind bringen eine angenehme Kühlung. Kann Fahrtensegeln schöner sein?

Irgendwann geht jeder Traum, selbst wenn dieser real ist, zu Ende.

Der auf Nord drehende Wind lässt den Blister unter Deck verschwinden. Mit Groß und Fock segeln wir mit halbem Wind Alicante entgegen. Die Sonne verbrennt uns fast den Pelz. Wir suchen den Schatten unter dem Sonnenschutz in der Plicht. Um uns herum tausende von fliegenden Fischen, die unseren Bordhund mal wieder vollkommen aus der Fassung bringen. Wir müssen ihn anleinen und versuchen ihm zu erklären, dass er kein Jagdhund sein soll, sondern ein Yachthund ist. Das will er aber scheinbar nicht verstehen, hat nicht das geringste Verständnis für unsere Ermahnungen und ist wegen seiner Sicherheitsleine scheinbar auch noch obendrein beleidigt.

Am frühen Abend flaut der Wind ab. Den Rest der heutigen Reise fahren wir mit der Maschine. Feli macht unser Schiff von innen

sauber und räumt auf. Als nächstes duschen wir auf der Badeplatt-
form. In Alicante wollen wir keine Zeit verlieren. Wir sind gespannt
und erwartungsvoll auf diese spanische Hafenstadt an der Costa
Blanca.

Über Alicante liegt der Dunst des Tages, vermischt mit einem nur
noch blassen Rot des Sonnenuntergangs. Leichte Bewölkung am
Horizont verhindert eine klare Sicht. Das Häusermeer dieser spanischen Großstadt verzerrt sich, für uns, aus unserer jetzigen Position,
zu einer grauen Masse ohne Konturen und Farben. Erst das näher
kommen, den Abstand verringern, bringt Leben, bringt klare Linien
und macht uns offen für die Schönheiten des Lebens.

Auf einem Schiff, wir glauben besonders da und besonders auf einer
Segelyacht, stehen immer neue Ziele an. Schon ist es da, dieses
Kribbeln im Bauch, diese spannende und Unruhe produzierende
Ungewissheit. Gleich einer Landschaft im Nebel liegt das Ziel noch
verborgen, aber doch deutlich spürbar. Noch ist nicht klar, wie das
Ziel erreicht werden kann. Was bis zu diesem Ziel an Erlebnissen
und Begegnungen ansteht. Nur eins steht fest, dass das Ruder in der
Hand des Skippers liegt und er den Kurs bestimmt. Dieser Schleier
der Ungewissheit öffnet sich mit jeder Seemeile mehr, die im Kielwasser liegt. Der Blick auf das angesteuerte Ziel wird deutlicher und
man fühlt sich immer stärker und sicherer. Wir sind froh hier zu
sein, glücklich darüber, einen wunderschönen Segeltag gehabt zu
haben, offen für alles Neue, was da kommen mag.

Heinz 50ster Geburtstag

SY Alegria

Die Vedra und ihre Schwestern

Alicante

Die Esplanada

Der kleine Hafen der Insel Tabarca

Wo ist unser Schiff?

An den Salinen auf Formentera

Leichtwinder segeln

Cartagena

Alicante, Stadt des Lichts

Alicante, in der Sprache der alten Römer „Stadt des Lichts" genannt, ist eine aufregende, quirlige und doch ruhige und überschaubare Stadt. Hier trifft man scheinbar den normalen Spanier, der ohne Jetset und dem übermäßigen Einfluss des Tourismus offen seine eigene Lebensfreude zeigt und dies auch genießen kann.

Vom Passieren des Einfahrtfeuers bis zum neuen Yachthafen und den direkt daneben liegenden Landungsbrücken fahren wir vorbei an großen Überseeschiffen, die Tag und Nacht be- oder entladen werden. Am Ende dieser Einfahrt befindet sich das Terminal für die Fähren in Richtung Nordafrika.

Die Hafenverwaltung hat schon geschlossen und ein Liegeplatz an den hier vorhandenen Schwimmstegen ist nicht mehr möglich. Wir bleiben an der Muelle de espera (Wartesteg).

Während ich die „Thalatta" für die Nacht sichere, ist Feli schnell und ohne lange Umwege mit Timmy an Land gegangen. Von unserem letzten Aufenthalt in Alicante ist der Platz, an dem Timmy sein Geschäft erledigen kann, noch in Erinnerung. Fast 17 Stunden hat unser Bordhund alles in sich behalten.

Der Sporthafen von Alicante ist neu entstanden und besteht zum größten Teil aus einer supermodernen Marina mit allem Komfort. Der von vielen Seglern geliebte, so genannte „Hungerkai", an dem man sehr preisgünstig festmachen konnte, ist leider verschwunden. Auf der Promenade dieser neuen Marina gibt es Unmengen an Restaurants, Kneipen, Diskotheken, Cafes und Geschäfte. Das Leben pulsiert hier fast 24 Stunden. Tausende Menschen besuchen diese Flanier- und Vergnügungsmeile mitten in der Stadt, nehmen hier ihren Sundowner und starten in das lebhafteste Nachtleben der Costa Blanca bis weit in die frühen Morgenstunden hinein.

Die späte Ankunft, die doch eilige Anmeldung in der Marina, der schnelle Aufbruch in den Trubel, kommend aus der Ruhe, hat eine Gereiztheit bei Feli und mir verursacht. Es dauert nicht lange und ich rege mich wegen Kleinigkeiten auf. Mir gefällt nicht, dass Timmy auf Wunsch der Skipperin mit in die Altstadt von Alicante soll.

„Da Timmy den ganzen Tag auf dem Schiff war", so die Skipperin in sehr bestimmender Tonlage, „nehmen wir ihn mit in die Stadt, basta!"

Es ist in Spanien normalerweise nicht erlaubt, einen Hund mit ins Restaurant zu nehmen. An allen Eingängen prangt das Schild „No Perro" und genau hier ist für unseren Timmy und sehr oft auch für uns ein Spaziergang zu Ende. Ob es die Sorge spanischer Hygienewächter war, die solch ein Verbot erlassen haben? So mancher Restaurantbesitzer nebst Koch dürfte dann sicherlich bei strikter Anwendung seine Küche nicht mehr betreten. Nicht nur in Spanien. Wir akzeptieren, dass nicht jeder Hunde so mag wie wir und lassen Timmy sehr oft zum Abendessen als Wachhund an Bord. In Restaurants mit Terrasse oder Garten haben wir, bis auf Ausnahmen, an einem Außenplatz unseren Hund mitnehmen dürfen. Es waren meist sogar die schöneren Plätze der Restaurants.

Nachdem wir auf dem Weg zur Altstadt den Pracht-Boulevard, die Explanada, gequert haben, ist die Stimmung schon sehr stark im Keller. Nur ein gutes Restaurant kann in solchen Fällen die Rettung vor weiteren Tiefpunkten in unserer Ehe sein. Aber Feli kann sich mal wieder für keines der Lokale, an denen wir vorbei kommen, entscheiden. Endlich, eine kleine Tapas Bar, die auch Gerichte an vier vor der Tür stehenden Tischen serviert. Da sitzen wir nun, Skipper und Skipperin aus Alemania. Ganz Alicante scheint einen unbeschwerten Samstagabend in der Altstadt zu genießen. Nur wir zwei nörgelnden Neuankömmlinge haben alles Unglück dieser Welt gepachtet. Unter unserem Tisch liegt der Streitfall. Irgendwie ahnt Timmy, dass er, unverschuldet, Grund unserer heutigen Zwistigkeiten ist. Er verhält sich ganz ruhig und devot.

In Windeseile wird unser Tisch von einem überaus freundlichen Kellner gesäubert und neu eingedeckt. Beim Studieren der kleinen mit der Hand geschriebenen Speisekarte flanieren so viele interessante Leute an uns vorbei, dass wir uns gar nicht so richtig auf die Karte konzentrieren können.

Wir entscheiden uns für das vom Wirt empfohlene Tagesgericht. Dieses hätten wir uns dann doch etwas besser erklären lassen sollen. Die im tiefen Teller servierte Art Suppe ist übervoll mit allen denkbaren Innereien. Überhaupt nicht unser Geschmack. Wir streiken und suchen nach einer Lösung. Der Kellner betrachtet unsere Nahrungsverweigerung wohl als seine persönliche Niederlage. Mit viel Geduld hört er sich unsere Erklärung an, welche wir in dem uns zur Verfügung stehenden Spanisch verfassen. Die danach georderten Tapas sind um Welten besser. Der Wein auch. Die Stimmung kommt, wenn auch langsam.

Der Tag war lang. Die Überfahrt von Formentera in fast 17 Stunden macht sich trotz ruhiger See bemerkbar. Die Sonne hat uns geschafft. Wir sind müde. Zwei oder drei Schlenker durch die Altstadt und wir stehen wieder auf der Explanada, der Prachtstraße von Alicante, und laufen in der neuen Marina in Richtung der Tankstelle, wo unsere „Thalatta" hoffentlich ruhig und sicher liegt.

Plötzlich von rechts: „Guten Abend Thalatta" und dies in einem uns gut bekannten niederrheinischem Slang.

Liesel & Heinz, von der „SY Alegria", auch in Alicante?

Natürlich freuen wir uns, die beiden zu sehen. In Moreira haben wir die „Alegria" vermutet. Bei dem nun fälligen Skipperumtrunk erfahren wir, dass sich die beiden während der Überfahrt kurzfristig für Alicante entschieden haben.

Unsere Müdigkeit ist wie vom Wind verflogen. Erst in den Morgenstunden des Sonntags kommen wir auf unser Schiff zurück, um den Rest der Nacht ruhig zu verbringen. Mit leicht verzogenem Gesicht begrüßen wir die Besatzung einer großen Motoryacht, die für diese Nacht an der Mole de Espera unser Nachbarschiff sein wird. Die Festbeleuchtung, die laute Musik und das Gejohle der scheinbar geladenen Gäste lässt uns ahnen, was noch passieren wird. Unsere Nachbarn auf Zeit feiern eine Party zum Wochenende.

An Schlaf ist nicht zu denken. Wir haben wohl in dieser Nacht die sogenannte Arschkarte gezogen. Erst gegen sieben Uhr am Morgen wird es etwas ruhiger.

Im Laufe des Vormittags erhalten wir von den Marieneros einen sehr schönen Liegeplatz. Von unserem Heimatrevier Mallorca sind wir die niedrigen Liegeplatzgebühren hier an der spanischen Küste nicht gewohnt. Sehr erfreut stellen wir fest, dass die Nacht nur 1.400 Peseten kostet. Es wird Zeit für einen Stadtbummel bei Tag. Natürlich laufen wir zuerst über die „Explanada de Espana", die mit sieben Millionen weißen, blauen und roten Marmorsteinchen direkt in der Nähe des Hafens von Handwerkern und Künstlern geschaffen wurde. Die in Wellenformen verlegten Steinchen stehen scheinbar im direkten Gleichklang zum nur einige Steinwürfe entfernten Mittelmeer. Von unzähligen Palmen gesäumt findet der ausruhende Besucher auch im Sommer einen schattigen Platz. Überall stehen einfache bunte Holzklappstühle bereit. Sonntags lädt der Musikpavillon zu kostenlosen Konzerten unter freiem Himmel ein. Von hier ist der Weg zum Castillo de Santa Barbara nicht weit. Die 166 Meter hohe Burg bietet einen fantastischen Blick über die Stadt und ist bequem mit einem Aufzug zu erreichen. Leider ist es nicht möglich, einen Hund mitzubringen, vielleicht wegen der hunderte von wilden Katzen in und um den Castillo. Da aber unser Bordhund dabei ist, müssen wir leider auf dieses Highlight verzichten. Wir bummeln durch die verwinkelten Gassen der Altstadt „Barrio de Santa Cruz", bewundern den Barockbau des Rathauses, auf dessen Marmortreppe der, für ganz Spanien gültige, Nullpunkt mit 3,407 Metern über dem Meeresspiegel liegt, und landen zum Schluss in den Markthallen des Mercado Central. Der Saharawind der letzten Tage und das Salz der Überfahrt machten die gründliche Reinigung der „Thalatta" notwendig und auch die Bordvorräte müssen ergänzt werden. Unsere Bordfahrräder machen sich mal wieder bezahlt. Vom Liegeplatz zum Supermarkt wäre es zu laufen

50

doch sehr weit. Später treffen wir noch Heinz und Liesel und plaudern ein wenig. Bei dem obligatorischen Gang zum Müllcontainer mache ich dann eine für uns doch sehr erfreuliche Entdeckung. Am Nachbarsteg liegt eine 34 Fuß Yacht unter Schweizer Flagge mit dem Namen „Let's Dance". Das kann nur unser alter Bekannter Richard sein. Wir kennen Richard aus Mallorca, unserem Heimathafen El Arenal, wo er mehrere Jahre auf seinem Schiff gelebt hat. Er ist einer der wenigen echten Bootpeople, die wir bis heute kennen gelernt haben. Mit seinen etwa 80 Lebensjahren ist er heute noch so fit, wie manch 50 jähriger es gerne sein möchte. Vor einigen Jahren, als ein großer Sturm in Portinatx/Ibiza wütete, hatte Richard sein damaliges Schiff verloren. Mehr als drei Jahre haben wir uns nicht gesehen, als ich am Bugkorb der „ Let's Dance" klopfe. Ihm ist die ehrliche Freude anzusehen einen alten Bekannten, Walter, von der „SY Thalatta" aus Mallorca hier in Alicante wieder zu sehen. Richard fragt sofort nach Felicitas und dem Hund. An Bord der „Thalatta" gibt es dann ein Wiedersehen mit Feli und Timmy. Nach doch so langer Zeit sind alle Namen bis auf den unseres Bordhundes Timmy sofort präsent. Es gibt natürlich viel zu erzählen. Wir müssen von einigen gemeinsamen Bekannten berichten und stellen so nebenher mit Begeisterung fest, wie fit Richard auch geistig noch ist.

Es ist Fiesta Zeit in Alicante. Das Fest der „Hogueras de San Juan". Eine Woche lang.

Die ganze Stadt ist auf den Beinen und zehntausende Besucher täglich kommen hinzu. Unzählige Musik- und Tanzgruppen ziehen bei Tag und Nacht, in Form eines Umzuges, durch die Stadt. Ein System ist nicht zu erkennen, scheinbar auch nicht gewollt. Feuerwerke in den Straßen und auf den Plätzen der Stadt nicht nur abends, sondern auch während des Tages. Sogenannte Tagesfeuerwerke, dessen

Existenz mir bis dato völlig unbekannt sind. Vereine oder Stadtteile bauen in der Innenstadt nach einem vorgegebenen Thema meterhohe Skulpturen aus Pappmaché und Plastik auf, die an Perfektion nichts zu wünschen übrig lassen. In abgeteilten Bereichen, Barracas genannt, wird jeden Tag gefeiert, bei Tanz, gutem Essen und jeweils einer Musikgruppe. Wir sehen Bands mit bis zu zwölf Personen. Nur alleine im Hafenbereich und der Alt-stadt sind sicherlich an die dreißig Barracas aufgebaut. Die Musikgruppen hören selten vor 6.00 Uhr morgens auf und spätestens um 11.00 Uhr ziehen die ersten wieder durch die Stadt, sechs Tage lang, Tag und Nacht.

Über der Stadt liegt ein dröhnendes Rauschen, dem man nicht entfliehen kann. Die über fünfzig Bands, die gleichzeitig ihre Musik dem Publikum darbieten, sind dafür verantwortlich.

Am Ende dieser Feierlichkeiten steht am Samstagabend der Höhepunkt der Fiesta an. Mit Einbruch der Dunkelheit werden die vielleicht zwanzig Skulpturen nacheinander verbrannt. Jede Verbrennung kündigt sich mit einem Feuerwerk am Ort des Geschehens an. Es sind hunderttausende begeisterte Zuschauer in der Stadt, ein Durchkommen ist unmöglich. Das Abbrennen der manchmal 15 Meter hohen, aus Pappe oder Holz bestehenden Kunstwerke, vor allen Dingen in der Altstadt, erscheint mir abenteuerlich. Vorsorglich ist die Feuerwehr immer dabei. Den absoluten Schlusspunkt setzt die Skulptur im Hafen, die als letzte verbrannt wird. Von einem Hubschrauber aus wird dieses Specktakel live ins spanische Fernsehen übertragen.

Diese warmen Sommerabende mit seinen Gerüchen aus den Restaurants und Cafes, gepaart mit dem Stimmengewirr der Menschen und der Musik aus den Kneipen und Barracas, fasziniert uns. Wir fühlen diese mediterrane Lebensfreude und lassen uns ohne erkennbare Widerstände davon anstecken. Gerne sogar. Wir sind mitten in dieser Fiesta. Ein Fest, wie wir es so noch nicht erleben durften. „Que vida!" („Was für ein Leben!")

Erst spät in der Nacht, fast schon am Morgen, kehren wir müde aber mit viel Erlebtem zur „Thalatta" und zu unserem Bordhund Timmy zurück. Er hat unser Schiff gut bewacht. Es gibt wohl keine bessere Alarmanlage als unser BHT. Sobald ein Fremder unser Schiff betritt, bellt und knurrt er gleichzeitig in furchterregender Weise. Nur wenn Feli oder ich an Bord kommen, ist er ruhig. Wie vermag er dieses zu unterscheiden? Ein schlaues Tier, oder?

Noch aufgewühlt oder ist es doch eine vollkommene Übermüdung? Wir können noch nicht in unsere Koje gehen. Es ist für uns ein wunderbares Erlebnis, vom eigenen Schiff aus die Lichter und Geräusche dieser Stadt zu genießen, die wir vom Vorschiff unserer „Thalatta", wie ein großes, aber doch sehr angenehmes Rauschen wahrnehmen.

Der Blick auf das über der Altstadt thronende Castillo de Santa Barbara gibt dem Hafen eine beschützende Atmosphäre. Feli und ich trinken noch gemütlich ein kaltes Bier, bevor wir dann doch todmüde in unsere Achterkajüte verschwinden. Todmüde vom Laufen und von den vielen, vielen neuen Eindrücken dieser verrückten Fiesta.

Am nächsten Morgen finden wir in der Plicht eine Seekarte für die Strecke von Alicante bis zur Costa del Sol. Richard hat sie uns gegeben, weil wir darüber gesprochen hatten, dass uns eine solche fehlt. Die letzte Berichtigung ist uns dann doch zu lange her. Wir erwerben einen neuen Kartensatz und planen unsere Reise weiter.

Torrevieja soll unser nächster Hafen sein. Mit dem Versprechen, Richard auf der Rückreise noch einmal zu besuchen, machen wir unsere Muring los.

Erinnerungen an Tabarca

Alicante liegt achteraus. Die großen Hafenkräne sind kaum noch auszumachen, nur das Castillo de Santa Barbara auf dem Schlossberg ist noch als gut sichtbare Silhouette zu erkennen. Der Wind ist anfangs wechselnd, wird aber achterlich stabilisierend für unseren Kurs. Der Bordalltag hat uns wieder. Die Arbeit des Steuerns übernimmt der Autopilot und Satelliten geben unserem GPS die Richtung an. Ich sorge für ein gutes Frühstück, während Feli und Timmy es sich in der Sonne gut gehen lassen. Die „Thalatta" segelt eine gute Stunde vor dem Wind, vielleicht mit fünf Knoten, als ein knallendes und für uns schmerzendes Geräusch all unsere Aufmerksamkeit verlangt. Ein hässlicher Riss im Vorsegel beendet unsere Träume von einem schönen Segeltag. Die Fock hat sich am Achterliek auf einer Länge von über zwei Meter geteilt. Autopilot raus, Großschot dicht und das Schiff in den Wind. Schadenbegrenzung ist angesagt.

An solchen Situationen erkennt man, dass Feli und ich beim Segeln eingespielt sind. Wir müssen nicht viel sagen, jeder weiß, was zu tun ist. Wir bergen die defekte Fock und entschließen uns, den Rest der Strecke bei vier, später bis auf sieben Beaufort ansteigend, mit dem jetzt wieder offenen Groß zu segeln. Es wird ein Ritt auf den Wellen im Raumschotkurs. In rauschender Fahrt surfen wir teilweise auf den Wellenkämmen. Die Steuerung der „Thalatta" überlasse ich nun nicht mehr dem Autopiloten, sondern übernehme dies im Wechsel mit Feli. Es wird notwendig, dass Groß zu reffen. Wir entscheiden uns, das erste sowie das zweite Reff einzubinden. Motor an - in den Wind - Großfall lösen - neues Unterliek bilden - Großfall heißen - vom Wind abfallen – Motor aus – fertig. Trotz starker Reduzierung der Segelfläche bleibt unsere Geschwindigkeit fast gleich bei sechs bis sechseinhalb Knoten. Wir segeln komfortabel. Unsere „Thalatta" liegt ruhig auf der linken Backe und zieht selbstsicher, schon fast überheblich, durch die teilweise mitlaufende und schiebende See. Der Kurs erlaubt nun wieder den Einsatz des Autopiloten. Wir sind froh darüber, sitzen entspannt in der Plicht und lassen uns mal wieder von unserem Bordhund zu einem Spiel mit den Leinen animieren. Nach dem letzten Segelmanöver hatten wir natürlich die gesamten Leinen und Tampen entsprechend geordnet. Diese Ordnung ist nun mal wieder, dank Timmy, dahin.

Auf der Backbordseite erkennen wir sehr gut die kleine Insel Tabarca. Sie liegt etwa drei Seemeilen südöstlich des Cabo Santa Pola. Das gesamte Seegebiet um Tabarca ist ein Naturschutzgebiet. Die Möglichkeit vor Anker zu gehen ist stark eingeschränkt und das Angeln oder Fischen ist untersagt. Eine ständige Kontrolle dieser Einschränkungen wird durchgeführt. Weitere Informationen stehen in den Seehandbüchern und in den amtlichen Seekarten. Bei der Annäherung muss mit vielen Untiefen gerechnet werden. Eine gute Karte ist unerlässlich. Nur ein bis zwei Schiffe haben in dem nicht sehr geschützten Hafen am unmittelbaren vorderen Teil der Mole Platz. Mit mehr als 1,80 Meter Tiefgang sollte dieser Hafen jedoch nicht mehr angelaufen werden.

Im letzten Jahr haben wir Tabarca besucht und hatten das Glück für eine Nacht festmachen zu können. Tabarca lebt von der Tagestouristik. Nach 18.00 Uhr sind fast nur noch Einheimische auf der

Insel. Der abendliche Spaziergang durch das kleine Dorf, vorbei an den Festungsmauern, hinterlässt einen fast unheimlichen Eindruck. Nicht zuletzt durch die schummrige Beleuchtung der noch unbefestigten und dadurch sehr staubigen Inselwege. Es entsteht der Eindruck einer Zeitreise hundert Jahre zurück. Nur etwa 80 Menschen leben heute noch auf dieser ehemaligen Pirateninsel. In früheren Zeiten haben hier mehrere hundert Korallentaucher mit genuesischer Herkunft gelebt, die als Sklaven in Nordafrika, auf der zu Tunesien gehörenden Insel Tabarca, gearbeitet haben. König Carlos III. hat sie „übernommen", damit diese „Fachleute" an der spanischen Küste nach Korallen tauchen. Sie waren mit ihrer alten Heimat so verbunden, dass sie die Insel vor Santa Pola ebenfalls Tabarca nannten.

Nachdem die letzten Tagesbesucher am späten Nachmittag diese kleine schroffe Insel verlassen haben, scheinen die Bewohner sichtbar durchzuatmen und beginnen ihr normales Leben zu leben. Die Touristenströme während des Tages haben sie wohl davon abgehalten, zumindest jedoch stark beeinträchtigt. Feli und ich sind, so glaubten wir, die einzigen Fremden. Später haben wir festgestellt, dass hier ein kleines Hotel und ein paar Fremdenzimmer existieren. Wir erobern diese Insel für uns und werden dabei, es entgeht uns nicht, beobachtet. Aus Türen und Fenstern wird unser Weg durch die Dorfstraße beobachtet. Da um diese Tageszeit normalerweise keine Besucher auf der Insel sind, erregen wir Aufmerksamkeit. Wir werden von allen äußerst freundlich behandelt und bei Augenkontakt geht den meisten Einwohnern ein Lächeln durchs Gesicht. In den Augen der Inselbewohner ist es sicherlich ungewöhnlich, dass wir als Besucher, einen Hund, unseren Bordhund Timmy, an einer Leine führen. Es ist alles sehr staubig. Der häufige Wind, der durch die schmalen Gassen fegt, verteilt den feinen Schmutz überall. Befestigte Straßen oder Plätze gibt es nicht. Die Häuser sind in keinem guten Zustand und die Inselkirche hat ein defektes Dach. Sie ist mit Brettern vernagelt. Einige Häuser stehen vor dem Verfall, bei anderen steht scheinbar eine zaghafte Erneuerung an.

Die Bewohner scheinen sehr kinderreich zu sein und wir erkennen bei vielen ihre nordafrikanische Herkunft auch nach so vielen Jahren, sehr deutlich. Begeistert von uns waren die Hunde der Insel. Wann kommt schon mal ein fremder Artgenosse zu Besuch. Natürlich war Timmy von den Hündinnen angetan, die männlichen Artgenossen aber ließ unser Bordhund nicht näher an uns herankommen.

Es wurde langsam dunkel. Die Gaslaternen brachten eine schummrige, fast unheimliche Atmosphäre. Aus einigen Häusern drang durch halb geöffnete Blenden Licht in die Gassen. Ab und zu sahen wir vorbeihuschende Schatten. Musik und Stimmengewirr machten das Familienleben für alle Vorbeikommende mit erlebbar. Die Gerüche, Stimmen und der goldgelbe Schein der Laternen erzeugte eine von uns nie erlebte unheimliche Atmosphäre. Aber trotz allem fühlten wir uns sicher.

In der Dorfmitte, an einem recht großen Platz, befand sich die wohl einzige, abends geöffnete Bar mit Restaurant. Es gibt die Möglichkeit hier am Abend zu essen. Das lassen wir uns natürlich nicht entgehen und reservieren.

Zurückgekommen im kleinen Hafen sehen wir, dass ein Fischerboot etwas beengt hinter uns festgemacht hat. Dass wir mit unserem Schiff wohl seinen angestammten Platz belegt hatten, quittiert der Kapitän mit einem freundlichen buenas noches. Er erkundigt sich bei uns, wo wir herkommen, und sagt uns, dass wir bis 10.00

Uhr morgen früh ablegen müssen, da dann das große, aus Pole kommende Versorgungsboot diesen Platz benötigt.

Gegen zwanzig Uhr finden wir uns auf der Terrasse des Restaurants in der Dorfmitte ein. Wir werden freundlich von der Wirtin begrüßt. Nach einiger Wartezeit kommt sie zu uns an den Tisch, bittet um etwas Geduld. Der Koch ist noch nicht anwesend, er muss zu Hause noch eine Wand mit Farbe anstreichen, dann wird er aber sofort zum Kochen kommen. Sie versorgt uns vorbildlich mit Getränken und kleinen Tapas.

Die Terrasse füllte sich langsam mit Gästen aus dem Dorf. Scheinbar waren wir nicht die Einzigen, die nun auf den kochenden Anstreicher warteten. Um die Wartezeit zu überbrücken, kam die Wirtin mit einer großen Plastikschüssel voller Fische zu uns an den Tisch. Wir sollten uns doch schon unser Abendessen aussuchen, was wir auch gerne taten. Zur Auswahl standen verschiedene Größen von Doraden, Tintenfische sowie einige Fischsorten, die wir nicht einordnen konnten. Wir ließen uns fachmännisch beraten und entschlossen uns für einen großen, etwas gelblichen Fisch, der uns beiden reichen sollte. Es müssen wohl doch einige Wände mehr gewesen sein, die zu streichen waren, denn es war mittlerweile nach 21.00 Uhr, als der Koch lächelnd um die Ecke kam und von den Gästen lautstark begrüßt wurde.

Nicht mehr lang dauerte es, dann wurde auch unser Fisch serviert. Wir mussten lernen, dass auch Anstreicher gute Köche sein können. Nach dem Essen saßen wir noch mit anderen Besuchern bis spät in der Nacht beim Wein zusammen, der dann bei uns wohl auch alle Hemmungen beim Nutzen der spanischen Sprache fallen ließ. Es war so ein traumhafter Abend, wie wir einen solchen selten erlebt hatten. Als wir am anderen Morgen den Hafen der Insel verließen, kam uns direkt hinter der Einfahrt das angekündigte Versorgungsboot aus Pole entgegen. Irgendein Inselbewohner hatte sich eine neue Schrankwand bestellt, sie ragte aus allen anderen Gütern deutlich hervor. Dies erlebten wir vor etwa einem Jahr und mir gehen diese Erinnerungen wie Filmsegmente durch den Kopf, die dazu geeignet sind, Tagträume zu produzieren. Mit halbem Wind segeln wir in Richtung Torrevieja. Leider wird das Wetter gegen Mittag schlechter, der Himmel zieht sich zu, es wird diesig, aber es bleibt trocken.

Kurs Torrevieja

Gegen frühen Nachmittag machen wir unser Schiff in einem der größten Yachthäfen der Costa Brava fest. Unser Anlegebier trinken wir auf der Terrasse des Yachtclubs. Wir nutzen die Gunst der

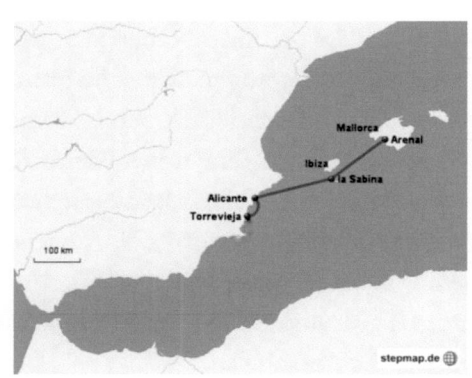

Stunde, in einem Hafen mit fast perfekter Infrastruktur zu sein, und bringen die Waschmaschine des Hafens in Bewegung. Zwei volle Wäschesäcke verwandeln sich so zu frisch duftenden Wäschestapeln. Zum Einkaufen und Kochen haben wir keine Lust und Timmy muss auch noch ein wenig Auslauf haben. Wir erkunden Torrevieja.

Alles, aber auch alles ist in diesem Ort zugebaut. Unser Augenmerk gilt wie immer zuerst eine geeignete Stelle zu finden, wo Timmy sich erleichtern kann. Für den Notfall haben wir immer Papiertücher oder ähnliches dabei, um das wegzuräumen, was eben nicht mehr zu halten ist. Wir finden in der Ecke eines staubigen und lauten Rummelplatzes, abseits eines Karussells, eine mehr als dürftige Möglichkeit für unseren Hund, sein Geschäft zu erledigen. Timmy ist ja pflegeleicht, sodass er auch mit dieser Situation schnell fertig wird. Er scheint zu wissen, was von ihm erwartet wird und erledigt das, was eben zu erledigen ist.

Was kann es nach einem erlebnisreichen Segeltag Besseres geben, als sich mit einem guten Fisch und einem kalten trockenen Wein verwöhnen zu lassen? Wir entdecken ein Restaurant mit großer Terrasse und Blick über den Hafen, auch unser Bordhund hat Zutritt. Leider haben wir nicht darauf geachtet, dass der überwiegende Teil der Gäste englischer Nation ist, was zur Folge hat, dass die Kochkunst vorwiegend auf britischen Geschmack abgestellt ist. Dieses ist für uns sehr gewöhnungsbedürftig, wollen wir eigentlich auch nicht. Unsere bestellte Fischplatte wird von einem total überdrehten, immerzu rennenden Kellner serviert und ist zu allem Überfluss mit einer penetranten, fettigen Zitronensoße überzogen. Er schwimmt in dieser. Wäre diese nicht näher zu erklärende Zitronenpampe weggelassen worden, hätten wir, so glaube ich, ein tolles Menü in einem sehr netten Lokal gehabt. Übrigens, alle Kellner bewegen sich im Laufschritt. Auch in anderen Bars und Restaurant in Torrevieja. Eine übermäßige Hektik ist überall unübersehbar. Für uns eine ungewohnte Erfahrung. Ein Bier zum Tagesausklang in der Plicht und dann geht es in unsere Koje, in unser Achterschiff.

Am nächsten Morgen erkundigen wir uns zuerst beim Hafenkapitän nach einem Segelmacher. Unsere Fock war ja gerissen. Wir haben

Glück, in Torrevieja gibt es eine Segelmacherei. Wir verstauen die Fock auf einem der Bordfahrräder und machen uns auf die Suche nach der Calle Petro 92 in der zweiten Reihe. Nach einigem Suchen finden wir hinter einem großen, eher unscheinbaren Tor den ersehnten Fachmann. Ein offensichtlich großer Betrieb.

Wir müssen mit dem Inhaber lange verhandeln, bis er uns die Zusage macht, noch am gleichen Tage die Fock zu reparieren. Er nennt auch den Grund des Defektes. Das Achterliek einer Fock ist mehr als andere Bereiche der Segelgarderobe von der Sonneneinstrahlung betroffen. Im aufgerollten Zustand ist das Achterliek immer vor der Sonne ungeschützt. Ein UV-Schutz, auch Opfertuch genannt, am Achterliek ist dringend erforderlich, besser jedoch ist ein Schutzüberzug. Beides haben wir nicht. Das Tuch ist achtern ganz spröde. Eine Garantie will und kann er für diese Reparatur nicht übernehmen. Wir müssen dieses einsehen. Die nächste größe-

re Investition auf unserer „Thalatta" wird eine neue Rollfock sein.

Bis zum Abend haben wir nun Zeit und erkunden Torrevieja. Mitten im Ort finden wir den Markt. Diese spanischen Märkte faszinieren uns immer wieder. Berge von Gemüse und Obst, so aufgebaut, dass das Einkaufen zum Lusterlebnis werden muss. Am besten kann man das Treiben dieser Märkte von der immer vorhandenen kleinen Tapas Bar beobachten, vielleicht bei einem Cafe Cortado. Es fällt schnell auf, dass die Händler immer Zeit für ein kleines Schwätzchen mit ihrer Kundschaft haben.

61

Die Fischabteilung dieser Märkte ist zweifelsfrei für uns immer das Aufregendste. Riesengroße Thunfische, elegante Schwertfische und der bedrohlich wirkende Rappe neben den verschieden großen Langostinos hinterlassen ihren Eindruck. Da meine Ergebnisse beim Angeln auf See mal wieder erfolglos waren und unser gestriges Restauranterlebnis nicht zum Wiederholen geeignet ist, kaufen wir zwei Lubinas für unser heutiges Abendessen an Bord.

Im Hafen treffen wir einen Skipper, den wir in Alicante kurz kennengelernt haben. Er fiel uns dadurch auf, dass er ungefragt mit tausend Tipps und Empfehlungen für unsere Weiterreise aufwartete. Dort in Alicante berichtete er uns, dass er zuerst eine Weltumsegelung geplant hatte, diese aber auf eine Mittelmeerumrundung reduziert hat. Die Reise von Torrevieja nach Alicante hatte ihn aber schon bewogen, wegen schlechter Wetteraussichten, schnell wieder zurückzufahren und seine Reise erneut zu verschieben. In fast jedem Hafen trifft man diese Zeitgenossen, die voll sind mit Tipps und Wissen für die Sportseefahrt, aber leider den doch so lange geplanten eigenen, endgültigen Abreisetermin immer wieder verschieben und immer neue Gründe finden, die Leinen nicht loszuwerfen. Für diese Strategen gilt „Eine schlechte Nachricht ist eine gute Nachricht ". Ich kann jeden Skipper verstehen, wenn er sich in seinem Heimathafen wohlfühlt und dort bleiben will. Aber warum wird an den Theken in den Häfen so viel von geplanten Törns, die nie stattfinden, erzählt?

Gegen 19.00 Uhr finden wir uns vereinbarungsgemäß in der Calle Petro ein, um unser hoffentlich fertiges Segel abzuholen. Unser Segelsack steht direkt hinter der Eingangstüre. Mit der Erklärung, dass die Reparatur sehr viel Arbeit verursacht hat und der Zeitplan der Segelmacherei arg durcheinandergebracht wurde, verabschiedet uns der Chef nicht ohne ein freundliches Lachen. Er ist selber begeisterter Segler und hat Verständnis für unsere Lage, erzählt er uns, und verschwindet hinter Bergen von Segeltüchern. Umgerechnet 150,00 DM Reparaturkosten sind o.k.

Nach dem Sundowner gehe ich einer meiner Lieblingsbeschäftigungen nach, dem Kochen. Die beiden Lubinas werden nun zubereitet. Jeder, der dem Kochen nahe steht, kennt die drei „S“: „säubern, säuern, salzen“. Nicht zu wenig Pfeffer und Knoblauch in die Innenseiten der Fische und diese dann in die leicht eingefettete Backofenform geben. Die Form auffüllen mit allem möglichen Gemüse wie Zwiebeln, Zucchini, Lauch, Paprika und so weiter. Nach Geschmack extra salzen und pfeffern. Da die Fische von oben anbrennen können, decke ich alles mit Alufolie ab. Die Fische bleiben dadurch auch sehr saftig. In dem vorgeheizten Backofen der Pantry 45 Minuten bei 180-200 Grad backen. Dazu einen trockenen Weißwein. Que Vida.

Unser Abendspaziergang führt uns zur fast ausgestorbenen Strandpromenade von Torrevieja. Keine Lokale, kaum Menschen, nur ein Appartementhaus neben dem anderen. Trotz Sommer und Saison, die meisten Wohnungen sind hermetisch verschlossen. Es reiht sich ein großer Baukomplex an den nächsten, an meist kilometerlangen sehr schönen Stränden. Die Besitzer scheinen nur während der Ferien diese Wohnungen zu nutzen. Dadurch wirken diese Strandabschnitte wie Geisterstädte. Ähnliches haben wir auf unserem Törn von Ampuriabrava entlang der Costa Brava öfter gesehen.

Auf dem Weg zurück zu unserem Schiff müssen wir einen kleinen Nebeneingang des Club Nautico nehmen, da es nicht erlaubt ist, mit einem Hund durch das Club-Gebäude zu laufen. Wir können gut damit leben.

Auf Vorschlag der Skipperin gibt es noch ein Bier in der Plicht, dann geht das Licht auf der „Thalatta" für diese Nacht aus. Der neue Tag hat uns sehr früh wieder. Wir wollen weiter.

Cartagena

Unser heutiges Ziel ist Cartagena. Bei leichtem Wind aus Nord-Ost segelt die „Thalatta" Kurs Süd. In der Ferne erkennen wir schon das Cabo de Palos. An unserer Steuerbordseite passieren wir die La Manga, eine Landzunge, die das Mar Menor vom Mittelmeer trennt. Dieses Mar Menor ist ein großes Binnengewässer im Südosten der Region Murcia, welches nur einen schiffbaren Zugang zum Mittelmeer hat. Um in dieses Binnengewässer hinein zu gelangen, ist es nötig, eine Brücke zu passieren. Dieses Mar Menor, welches auch als große Badewanne bezeichnet wird, hat eine Ausdehnung von 25 km x 12 km und hat nur eine maximale Tiefe von sieben Metern.

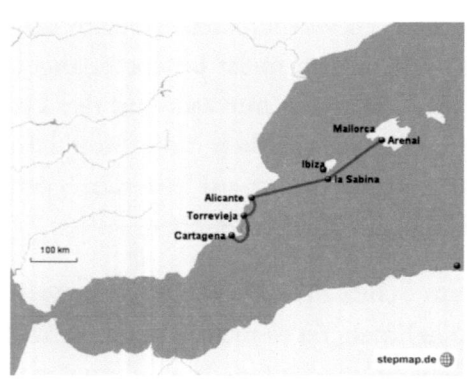

Nordöstlich der „Isla Grosa" befindet sich die Einfahrt. Es ist jedem Skipper angeraten, sich möglichst an den Öffnungszeiten der Brücke zu orientieren, da für Wartezeiten keine Möglichkeit zum Festmachen besteht. Im Hafen „Tomas Maestre" wollten wir im letzten Jahr nicht länger als eine Nacht bleiben. Die persönliche Atmosphäre im südlicher gelegenen „Club Nautico Los Nietos" mit seinem urigen

64

Schweizer Hafenmeister gefiel uns wesentlich besser. Hier haben wir es zum ersten Mal erlebt, dass für Gäste die erste Nacht im Hafen kostenlos ist. Die Einfahrt in diesen recht engen Hafen ist nicht geeignet für tiefgehende Schiffe. Mit unseren 1,65 Metern wird es schon knapp.

So richtig gefallen hat es uns im Mar Menor nicht. Alles war ähnlich wie im niederländischen Ijsselmeer, nur eben wärmer. Erstaunt waren wir über die vielen Häfen und die große Anzahl von Schiffen in diesem Binnenmeer. Beim Passieren der Einfahrt mit der Drehbrücke sind wir beim Ein- sowie Ausfahren alleine. Dieses führt uns zu der Annahme, dass die Schiffe, die einmal in diesem vom Mittelmeer abgetrennten Bereich liegen, wohl kaum noch den Ausgang finden. Die Abhängigkeit von der Drehbrücke ist sicherlich in diesem Seegebiet ein Problem.

Auf diesem Törn lassen wir das Mar Menor an unserer Steuerbordseite liegen und halten unseren Kurs in Richtung Süd.

Am Cabo de Palos rechnen wir mit mehr Wind. Leider werden wir enttäuscht.

In den Wetternachrichten des westlichen Mittelmeers spielt dieses Cabo eine wichtige Rolle. Man entwickelt Vorstellungen, wie ein solches Cabo wohl aussieht. Feli stellte sich in ihren Gedanken das Cabo de Palos wohl wesentlich mächtiger und grandioser vor, als wir es vorfinden. Ihren Vorstellungen nach mit hohem, Respekt einflößenden Felsformationen, möglichst mit einem in luftiger Höhe thronenden Leuchtfeuer. Vielleicht wie das Cabo de la Nao oder das Cab Formentor auf Mallorca. Aber es ist flach, unscheinbar und von weiten kaum auszumachen.

Die Sonne trifft uns nicht mehr direkt von oben, sondern über unsere Backbordseite. Es ist später Nachmittag. Vor uns liegt die Bucht von Cartagena, die schon bei der spanischen Armada, im Altertum, als eine der am besten geschützten Naturhäfen des westlichen Mittelmeeres bekannt war. Im Jahre 1585 plünderte der englsche Freibeuter Francis Drake die Stadt und zerstörte sie. Auch heute ist der Hafen von Cartagena ein wichtiger Militärhafen und bedeutender Handelshafen. Wegen seiner reichen Erzminen in der Umgebung verdankte die ganze Region schon früher diesem Hafen ihren Wohlstand.

Gegen 19.00 Uhr fahren wir unter Maschine in den Hafen von Cartagena (37°36'N, 000°59'W) ein. Auf der westlichen Seite, hinter dem gut zu erkennenden Einfahrtsfeuer, befindet sich der Militärhafen

Der neue Yachthafen, der zurzeit auch noch weiter ausgebaut wird, befindet sich im nördlichen Teil und ist aus Westen anzusteuern. Sofort fällt uns auf, dass das Wasser sehr schmutzig ist. Eine Erzverladestelle ist wohl der Grund. Die Ansteuerung eines Liegeplatzes macht keine Probleme, da der Hafenkapitän nebst Marinero uns schon von weitem den Weg weist. Es ist uns noch nie widerfahren, dass insgesamt drei Personen mit unterschiedlichen Aufgabengebieten unsere Ankunft im Hafen leiten. Das Annehmen unserer Vorleinen sowie die Übergabe der Muring Leine erledigt, auf Anweisung des Hafenkapitäns, an den ihm sicht- und hörbar untergeordneten Marinero.

Wichtiger als die beiden Vorgenannten ist jedoch der Vertreter der Guardia Civil, der uns, nachdem die Leinen übergeben sind, das Anmeldeformular in 3-facher Ausfertigung aushändigt. Er, nur er ist scheinbar berechtigt, diese Amtshandlung durchzuführen. Es soll nicht unerwähnt bleiben, dass dieses alles sehr lustig und vor allen Dingen sehr freundlich erledigt wird.

Später beobachten wir, dass diese Herren weitere Schiffe in dieser Dreierformation empfangen. In keinem Hafen haben wir wohl so sicher gelegen wie in diesem. Vor dem einzigen Landzugang des Hafens haben in einem Büro-Container der Hafenmeister und die Guardia Civil ihr Büro und damit alles im Auge, rund um die Uhr.

Da der Hafen sehr nahe an der historischen Altstadt und am Geschäftszentrum liegt und unsere Mägen schon im Bereich der Kniekehlen liegen, beschließen wir die „Thalatta" schnell in Ordnung zu bringen und uns ein Restaurant zu suchen. Zuerst jedoch muss, wie immer, unser Timmy versorgt werden. Beim Fressen lässt er uns nicht aus den Augen, weil er genau weiß, dass wir nun unser Schiff für heute verlassen wollen und er natürlich mitgehen will. Darf er auch. Wir finden sogar in direkter Nähe des Hafenausganges eine wildgewachsene Wiese, auf der Timmy sich ein wenig austoben und lenzen kann. Es ist 22 Uhr und wir hoffen ein gutes und gemütliches Lokal zu finden, in dem Timmy unter dem Tisch liegen darf.

Irgendwie stimmt unser Zeitgefühl nicht. Ist es denn schon so spät? Die meisten Lokale haben offensichtlich schon geschlossen oder schließen gleich. Wir müssen lange in dem uns noch unbekannten Cartagena suchen. In einer unscheinbaren Ecke eines kleinen Platzes, in der Nähe eines sehr imposanten Gebäudes, scheinbar das Rathaus, finden wir zwei geöffnete Lokale, die auch noch Speisen anbieten. Das Rechte sieht nach unserem Geschmack sehr vielversprechend aus. Wir rein, mit Hund! Kein Problem! Wechseln dreimal den Tisch! Kein Problem! Wir fragen nach der Karte! Kein Problem! Auf der Karte nur Hamburger, Pommes mit Spiegelei, und sonstige, von uns nicht geliebte, Fast Food Angebote! - Jetzt haben wir ein Problem!

Als der Kellner die Bestellung aufnehmen will genügt ein Blick von Feli und mir, um uns freundlich bei ihm zu bedanken und das Lokal zu wechseln.

Wir starten im benachbarten Lokal einen neuen Versuch. Es ist ein sehr einfaches mit Wachstischdecken und gebohnertem Steinboden. Über der mit Fußballutensilien dekorierten Theke brüllt der Fernseher. Keiner schaut zu oder hört hin. Alles schon fast Indizien für ein gutes spanisches Lokal.

Es ist nur eine Ecke im Gastraum besetzt. Einige Frauen sitzen an einem großen Ecktisch. Scheinbar der Stammtisch. An der Theke stehen zwei Männer beim Rotwein. Ein Tisch direkt am Fenster und ein freundlicher Kellner, der scheinbar der Inhaber ist, lassen uns hoffen. Auch Timmy wird mit netten Worten begutachtet. Wir entscheiden uns für „Calamar plancha" und einer kleinen Tapasplatte vorweg. Nach der Bestellung bindet sich eine der Frauen vom Ecktisch eine Schürze um und begibt sich in Richtung Küche, nicht ohne uns mit einem freundlichen Lächeln zu bedenken. Es scheint ungewöhnlich zu sein, dass um diese Zeit Auswärtige zu Gast sind. Wir werden von allen Anwesenden beobachtet und bei Blickkontakt sehr freundlich begrüßt. Auch die Gäste, die nach uns ins Lokal kommen, grüßen uns sehr freundlich und die Gäste, die gehen, lenken ihren Weg bewusst an unserem Tisch vorbei und wünschen eine gute Nacht. Wir müssen jedoch unentwegt die beiden Frauen in der Ecke ansehen. Scheinbar Mutter und Tochter, wobei die Tochter die besten Jahre wohl hinter sich gebracht hat. Ihr Äußeres ist sehr aufgedonnert. Wir interpretieren in diese Szene hinein, dass die Tochter wohl auf der Suche nach einem Bräutigam ist. Unsere

Kenntnisse in der spanischen Sprache sind nicht so gut, als dass wir alles verstehen würden. Es ist für uns zumindest sehr amüsant.

Wir haben ein nettes Lokal gefunden, sind sehr freundlich bedient worden, haben gut gegessen und uns noch nett unterhalten lassen. Was will man mehr.

Müde von einem langen Tag schlendern wir langsam zurück zum Hafen, zu unserer „Thalatta". Langsam, damit Timmy noch genügend Zeit hat die sogenannte Hundezeitung zu lesen. Es ist für uns Menschen unbegreiflich, welche Fülle von Informationen an Büschen, Bäumen und Straßenecken sich für Hunde verbirgt. Manchmal ist Timmy beim schnuppern dieser Dog News erfreut, manchmal aber auch sehr schnell in Rage zu bringen. Auf jeden Fall setzt er seine Duftmarke möglichst hoch, am besten über die des Vorgängers. Auch das Verteilen mit den Hinterläufen ist sehr beliebt.

Wie von uns erwartet, wird das Betreten des Hafens vom Hafenmeister und von der Guardia Civil aufmerksam beobachtet. Timmy hat natürlich einen hohen Wiedererkennungsfaktor. Ein freundliches „buenas noches" von den Beamten zu uns, sowie ein freundliches „buenas noches" von uns zurück und der Hafen von Cartagena hat uns wieder. Den Steg in Richtung unserer „Thalatta" laufend trauen wir unseren Augen nicht. Was wir sehen erstaunt uns. Wir haben an Steuerbord neue Nachbarn, was an sich kein besonderer Grund ist, überrascht zu sein.

Neben uns liegt die Segelyacht „Alegria" mit Liesel und Heinz. Da noch Licht an Bord leuchtet, klopfen wir an. Wir begrüßen uns alle vier herzlich und nehmen natürlich eine Einladung zum Schlummertrunk im Salon der Alegria gerne an. Im Gespräch stellt sich heraus, dass Heinz und Liesel, bevor Sie in den Hafen von Cartagena kamen, genau wie wir in Torrevieja waren, nur in einem anderen Hafenbereich. Nachdem wir uns auf dieser Reise, ohne uns zu verabreden, dreimal getroffen haben, beschließen wir, bis auf Weiteres zusammen weiter zu segeln. Für den folgenden Tag ist ein Hafentag mit Stadtbesichtigung eingeplant.

Da wir die „Thalatta" noch auftanken wollen, fahren wir am nächsten Morgen in den östlichen Teil des Hafens, wo die Fischer ihren Anleger haben. Hier bekommen wir die notwendige Menge Diesel.

Heinz will seine „Alegria" gründlich reinigen. Liesel, Feli und ich erkunden die Stadt. Natürlich nicht ohne unseren BH Timmy.

Direkt gegenüber dem Yachthafen befindet sich das Denkmal eines Unterseebootes von 1888. Isaac Perral, der aus Cartagena stammte, war der Erbauer. Heute wird es von unten mit einer Wasserfontäne bespritzt und ist abends fast kitschig angeleuchtet. Von hier aus, stadteinwärts nach rechts orientiert, kommt man zum Torrepark. Von der ehemaligen Festung Castillio de la Concepcion, in etwa 70 Meter Höhe, hat man einen wunderschönen Blick über die Stadt Cartagena, das Umland und die Bucht mit der Hafeneinfahrt. Interessant ist auch der Einblick in die zurzeit durchgeführten Ausgrabungen. Alle möglichen Herren beherrschten diese Stadt. Karthager, Römer und Mauren waren es in längst vergangenen Zeiten. Piraten zur Zeit Philipps II. machten ein großes und mächtiges Befestigungssystem notwendig. Schwere Zerstörungen erlebte diese Stadt während des Bürgerkrieges.

Vom obersten Aussichtsplatz können wir mit dem Zoom der Videokamera Heinz, den Skipper der „SY Alegria", beim Reinigen seines Schiffes, also bei der Arbeit, beobachten. Das Schöne ist, wir haben noch nicht einmal ein schlechtes Gewissen.

Nach so viel Kultur muss dringend ein kaltes Bier her. In der wunderschönen Altstadt von Cartagena beenden wir den Ausflug bei einigen Tapas und dem besagten Bier.

Cartagena – Garrucha

Heute ist Garrucha unser abgestecktes Ziel. Die „Thalatta" ist mit Diesel und Frischwasser aufgetankt, segelfertig für die Weiterreise. Die Landverbindungen sind gelöst. Liesel und Heinz sind noch nicht soweit. Da die „Alegria" sowieso schneller ist als unser Schiff, können die beiden sich ruhig noch Zeit nehmen. Wir passieren in der Ausfahrt den militärischen Teil des Hafens.

So nahe sind wir noch nie an Kriegsschiffen vorbeigefahren. Die sympathischsten Militärschiffe sind sowieso nur die großen Segelschulschiffe der verschiedensten Nationen. Erinnere mich dabei immer gerne an meinen Funkkontakt mit der „Gorch Fock" in der Bucht von Palma. Ich hatte mir seinerzeit, über UKW-Funk, die Wetterlage von dem wachhabenden Funkoffizier geben lassen.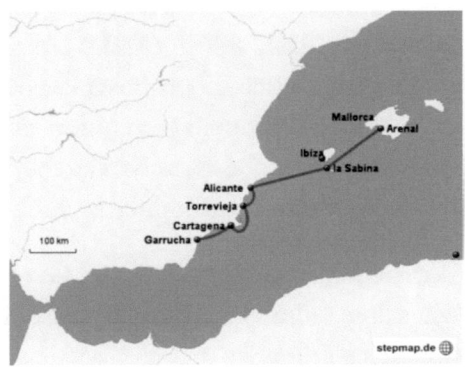
Nicht allzu lang ist es her, dass in Palma die Cutty-Shark-Regatta Station machte. Die schönsten Windjammer der Welt machten für

drei Tage Station auf Mallorca. Alle Schiffe waren für eine Besichtigung freigegeben. Besucht haben wir fast alle. Am meisten hat uns jedoch die italienische „Amerigo Vespucci" beeindruckt. Beim Anblick der Mannschaft nebst Offizieren in ihren Operetten-Uniformen fühlte man sich um mindestens 150 Jahre zurückversetzt. Abends gab es eine Riesenparty zu der jeder der wollte eingeladen war. Mit unserer Thalatta war ich dann natürlich am letzten Tag mit bei der Parade in der Bucht von Palma. Alle Windjammer zeigten sich von ihrer schönsten Seite unter Vollzeug. Ein unvergessliches Erlebnis.

Cartagena liegt am Ende einer Bucht, sehr geschützt, kaum auszumachen und daher sicherlich schon lange militärisch genutzt. Kurz nachdem wir die Bucht in Richtung Südwest verlassen, erkenne ich aus meinem linken Augenwinkel in etwa einer halben Meile Entfernung etwas sehr dunkles im Wasser, was ich aber nichtdeuten kann. Plötzlich wird dieses „etwas" immer größer. Wir sehen zum ersten Mal, in fast greifbarer Nähe, ein Unterseeboot der spanischen Marine auftauchen. Unsere Reise nach Garrucha wird ein wunderschöner Segeltag. Ungefähr 50 Seemeilen liegen vor uns. Der Wind bläst mit fünf Beaufort und die Richtung erlaubt uns zudem auch noch einen beständigen Raumschotkurs. Die „Thalatta" liegt bei gleichmäßigem Wind unter Groß und Fock sehr ruhig. Wir machen sechs Knoten durchs Wasser, manchmal auch bis zu sieben Knoten. Der Skipper ist ganz stolz.

Wir haben direkten Kurs auf Garrucha angelegt und sind, soweit wir sehen können, alleine in diesem Seegebiet. An unserer Steuerbordseite erkennen wir die Küste nur daumendick. In diesem Teil der Costa Blanca sind fast nur kahle Felsen zu sehen. Hin und wieder von kleinen Stränden unterbrochen. Den sonst üblichen Pauschaltourismus scheint es hier nicht zu geben.

Gegen Mittag sehen wir achterlich ein Segelschiff. Es wird die „Alegria" sein. Heinz steuert seine Yacht wesentlich mehr unter Land als wir die „Thalatta". Nach einiger Zeit werden die Konturen deutlicher und über UKW-Funk nehmen wir Kontakt zu unseren Mitseglern auf. Wir haben richtig vermutet, es ist die „Alegria" mit Heinz und Liesel.

Meine Schleppangel mit dem kleinen Plastiktintenfisch ist schon seit Stunden draußen. Das regelmäßige Einholen der Angelschnur, zwecks Ergebniskontrolle, wird von Timmy immer hochinteressiert beobachtet. Er kommt immer der Schnur so nahe, dass ich Angst habe er verheddert sich darin. Meine Ernüchterung und Timmys Enttäuschung sind aber leider meist das Ergebnis.

Gegen 17.00 Uhr schläft der Wind ein. Innerhalb von 30 Minuten fällt der Windmesser von 18-20 Knoten auf deutlich unter zehn Knoten. Flaute oder auch tote Hose genannt. Wir dümpeln einige Zeit, die Alegria kommt in Rufweite auf und die Segel sind auf beiden Schiffen eingeholt. Heinz scheint Langeweile zu haben. Er sitzt nackend auf seinem, an der Reling festgezurrtem, Fahrrad.

Wir werfen den Anker auf fünfzehn Meter Wassertiefe und legen eine Badepause ein, die eine notwendige Abkühlung bringt.

Gegen späten Nachmittag starten wir die Maschinen, um in den Hafen von Garrucha (37°11'N, 001°49'W) einzulaufen.

Ein Hafen, der zurzeit noch weiter ausgebaut wird und überwiegend von einer großen Fischfangflotte beherrscht wird. In der hinteren rechten Ecke des Hafengebietes eine nüchterne kleine und überschaubare Marina für Sportboote.

Wir nehmen uns Zeit für die tägliche Pflege des Schiffes und der Crew. Nach dem Duschen erkunden wir Garrucha. Viel gibt es nicht zu sehen. Eine direkte Ortsmitte finden wir nicht, scheint es auch nicht zu geben. Unser Weg führt uns am Strand entlang, wieder zurück in Richtung Hafen. Timmy kann sich austoben, er hat ja auch, wie wir, den ganzen Tag mehr oder weniger gesessen und gelegen. Fischrestaurants in Hülle und Fülle. Alle buhlen um uns, um uns Kunden. Die Auslagen der frischen Ware, aufgebaut in den Eingängen der Lokale, sind so übermächtig, wie wir es noch nie gesehen haben. Unsere Augen können sich nicht sattsehen. Alle Arten von Fischen werden uns präsentiert. Angefangen von kleinen Sardinen bis hin zum Schwertfisch und dem übermächtigen Thunfisch, der Rappe mit seinem schaurigen Aussehen, Lubinas, Zackenbarsche und Doraden, um nur einige zu nennen die wir kennen. Dieses alles steht jedoch im Schatten zu dem Angebot an Meeresfrüchten. Sie liegen nun da zur Schau, die Langusten und Garnelen, die Tintenfische, die Seespinnen und der Hummer, arrangiert zu exotischen Gebilden oder ganz einfach auf zerstoßenem Eis. Über allem thront ein riesiger Krake, seine Fangarme scheinbar alles umschlingend. Viele Arten kennen wir noch gar nicht. Von irgendwoher schallt „Brr..., kann man diese Dinger überhaupt essen" und wenn ja, wie?

Herzmuscheln, fast runde Venusmuscheln oder längliche Teppichmuscheln kennen wir ja, aber Entenmuscheln empfinden wir schon als sehr abenteuerlich. Der Anblick treibt uns das Wasser im Mund zusammen. Soll es wohl auch. Heinz ist ein wenig vorgelaufen. Soll er den meisten Hunger haben? Ich sehe, wie er mit einem Kellner verhandelt, der uns vier, nach einer guten Fischplatte lechzenden Segler, gerne in sein Restaurant locken will. Wir sehen wohl wie gute Umsatzträger aus. Mit einem Lächeln berichtet uns „Alegria"

Heinz, leicht schelmenhaft, dass er dem Kellner gesagt hat, dass wir nur in sein Lokal kommen würden, wenn auch der Bordhund der „SY Thalatta", Timmy, mit hinein dürfte. Der Angesprochene ringt um eine Ausrede, aber Heinz klare Worte geben ihm keine andere Möglichkeit, wenn er zu dieser Zeit vier neue Gäste haben will. Timmy darf, und unsere Entscheidung für dieses Lokal direkt am Hafen ist getroffen. Wir und der Wirt sollen es nicht bereuen.

„Cuatro cerveza, por favor!" sind unsere ersten Worte, um gegen den stechenden Durst die erste Maßnahme zu treffen, als der Kellner an unserem Tisch erscheint. Zu unserer Überraschung bekommen wir nicht vier Gläser Bier, sondern einen Glaskrug gefüllt mit Bier sowie vier Gläser. Diese Art des Bierausschanks ist uns neu, aber überhaupt nicht unangenehm. Zu viert suchen wir uns einen großen Fisch aus, der dann in der Küche zubereitet wird. Was dann geschieht, kann wohl nur als große Fresserei bezeichnet werden. Mit einem Tablett, begleitet von einem Kellner, sollen wir uns unsere Vorspeisen bei den Meeresfrüchten aussuchen, die dann frisch zubereitet werden. Was wir auch gerne tun. Die Auswahl bei Liesel und Feli war im Gegensatz zu Heinz und mir bescheiden. Aber wir alle haben in unserer Begeisterung nicht bedacht, dass ja noch ein großer Fisch im Ofen ist. Große Silberplatten mit frisch zubereiteten Gambas und Langostinos sowie Krebsscheren kommen so auf unseren Tisch. Als dann der bestellte Fisch, „Anfos al forn", gebackener Zackenbarsch, fertig ist, sind wir schon bald satt und der Wein, der auch in Krügen an den Tisch kommt, sorgte bei uns vier Seglern für eine fast ausgelassene Stimmung. Nach all diesen Meeresfrüchten und dem frischen Fisch hat Heinz noch Lust auf ein Tablett Meeresfrüchte zum Nachtisch. Wir glauben an einen Spaß. Es war kein Spaß, Heinz geht noch mal zur Auslage.

Die Rechnung für dieses zweifelsfrei opulente Mal ist sicherlich hoch, aber es hat sich gelohnt. So ausschweifend isst man nicht alle Tage.

Wenn unser Bordhund Timmy nicht dabei wäre, hätten unsere Beine uns höchstens noch bis zum Schiff gebracht, so müde sind wir. Natürlich nicht vom Segeln oder sonstigen Anstrengungen. Nein, nur vom Essen. Timmy animiert beide Crews zu einem Nachtspaziergang an der Promenade, der uns allen sehr gut tut. Wofür so ein Hund an Bord alles gut sein kann.

Sturmfahrt

Von Garrucha soll es weiter gehen, um das Cabo de Gata bis Almeria. Gegen 09.00 Uhr laufen wir aus. Die Wettervorhersage aus Offenbach spricht von nördlichen Winden um vier. Die Wettermeldungen vom österreichischen Rundfunk und von den Navtex Stationen sind ähnlich. Die Kurve unseres Bordbarographen ist beständig.

Wir fahren mit unserer „Thalatta" dicht unter der Küste bei absoluter Flaute unter Maschine und Autopilot und genießen die vorbeiziehende Landschaft mit ihren Bergen und den kleineren Touristenorten. Der Cockpit-Tisch ist ausgeklappt und trotz des gestrigen opulenten Fischessens gibt es ein gemütliches Frühstück. Bei gekochten Eiern und frischem Brot mit Serrano Schinken zieht die Landschaft fast beschaulich an uns vorbei.

Langsam kommt Wind auf. Unsere Frühstücksrunde heben wir dann doch schnell wieder auf, um die „Thalatta" Segelklar zu machen. Der Autopilot hält noch unseren Idealkurs zum Cabo de Gata mit 210°. Auf zwei bis drei Beaufort ist die Windstärke nun gestiegen. Was uns aber Sorge bereitet ist die Richtung, aus der er kommt. Der Windmesser zeigt nach Westen. Wir trimmen die Segel hart an den Wind, da wir Höhe brauchen.

Innerhalb von einer Stunde steigert sich der Wind auf zwanzig bis fünfundzwanzig Knoten. Unter die Marke von zwanzig Knoten meint er nicht mehr wehen zu wollen. Was hat Rasmus mit uns vor? Sollte er unzufrieden mit uns sein? Haben wir ihn doch immer bei einem Bordschluck mit teilhaben lassen!

Wir müssen hinnehmen, dass die Richtung des Windes sich zurzeit nicht zu unseren Gunsten ändert. Ins Großsegel haben Feli und ich

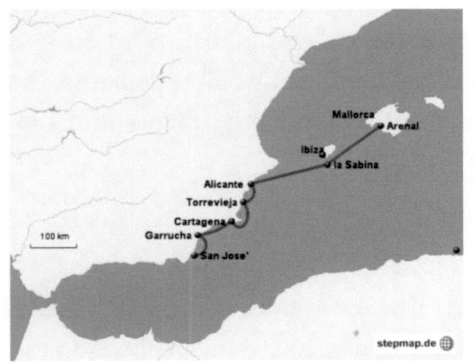

schon zwei Reffe eingebunden. Bei unserer Bavaria geht dieses von der Plicht aus. Lediglich der vordere Teil des neuen Unterlieg muss am Mast eingeklinkt werden. Die „Thalatta" segelt nun Luvgierig. Also beschließen wir, die Fock ebenfalls ein bis zwei Meter einzuholen. Bei mittlerweile fast dreißig Knoten Wind und diese fast auf die Nase, fahren wir unser Süll im Wasser. An Bord ist nur einer ohne jede emotionale Regung: unser BH Timmy. Natürlich tragen wir ohnmachtsichere Rettungswesten, die auch vor Antritt der Reise von uns überprüft wurden. Timmy hat seine Hundebergeweste an und ist an der Kompasssäule festgezurrt. Er würde es fertigbringen selbst bei dieser Schiffslage nach vorne zu gehen. Alles schon erlebt.

Der Wind pfeift uns um die Ohren und heult in den Wanten. Der Bug stapft in den mittlerweile sehr beachtlichen Wellen. Mit ohrenbetäubenden Knallen schlägt er in die tobende See, die sich dann bis ins Cockpit schäumend ergießt. Unsere „Thalatta" unternimmt mit uns eine Achterbahnfahrt vom feinsten. Erst in solchen Situationen wird erkennbar, mit welchen Belastungen selbst die kleinsten aller Bauteile eines Schiffes fertig werden müssen. Das Knarren und Summen des Deckaufbaus, die freiwerdenden Kräfte beim Aufschlagen des Bugs in den Wellentälern und die über uns kommende See lassen uns hoffen, dass auch solche Momente im Leben einer Segelyacht von der Werft und den Konstrukteuren bedacht werden. Es ist sicherlich falsch, wenn aus Kostengründen an der Qualität und der Belastbarkeit gespart wird.

Die Segelyacht „Alegria" hat Garrucha später als wir verlassen und liegt jetzt vielleicht zwei Meilen hinter uns. Der Seegang und die schlechter werdende Sicht lassen nur erahnen, dass Heinz und Liesel hinter uns sind.

Um unser Tagesziel Almeria zu erreichen, müssen wir um das in 220° liegende Cabo de Gata herum. Der Wind lässt jedoch nur 170° zu. Wir kreuzen hoch am Wind. Ein mühsames Geschäft. Unsere „Thalatta" klettert jede Welle empor, die uns entgegenbraust, um anschließend mit einem furchterregenden Knall im Wellental einzutauchen. In der schäumenden Gischt des Aufpralls verschwindet dabei der Bug bis zum Ankerkasten und schöpft Seewasser. Der Westwind bläst nach wie vor mit 30 Knoten Wind und wir kreuzen in Richtung Cabo de Gata. Wir machen Meilen auf der Logge, aber unserem Ziel kommen wir kaum näher. Die Dwarssee macht uns zu schaffen. Gischt weht von den Wellenkämmen. Fliegendes Wasser erschwert die Sicht. Nicht jeden quer zur Fahrtrichtung laufenden See können wir ausgleichen. Über Kanal 72 haben wir Kontakt zur „Alegria", die genau wie wir hart um jeden Meter Höhe kämpft. Es ist mittlerweile 16.00 Uhr und der Hafen von Almeria ist laut GPS

78

noch über 20 SM über Grund entfernt. Um dieses Ziel zu erreichen, würden wir die ganze Nacht hoch am Wind durchsegeln müssen. Das wollen wir eigentlich nicht. Das Weitersegeln ohne Not verbietet sich von selbst. Sportlich segeln, auch unter härteren Bedingungen ja, aber nicht eine so lange Zeit gegen den Wind, wenn es nicht unbedingt sein muss. Wir sollten uns daran erinnern, wir haben Ferien.

Über UKW–Funk nehmen wir wieder Verbindung zur „Alegria" auf. Wir suchen gemeinsam eine Lösung. Zurück nach Garrucha wollen wir nicht und nach Almeria kommen wir nicht. Also bleibt nur eine Lösung dazwischen. Für die Costa Calida gibt es leider sehr wenige Informationen. Ich suche in der Seekarte sowie in der nautischen Literatur nach einem Hafen in unserer Nähe auch ein Nothafen wäre ok. Nach einigem Suchen finde ich in nordöstlicher Richtung des Cabo de Gata den kleinen Hafen von San Jose. Heinz hat über diesen Hafen keine Daten an Bord. Nach meinen Informationen ist jedoch für die „Alegria" nur im vorderen Teil der Marina genug Tiefgang vorhanden. Die Koordinaten 36°46'N 002°06'W gebe ich über Funk zur „Alegria". Über UKW Funk versuchen wir mit der Hafenleitung Kontakt aufzunehmen, ohne Erfolg. Auch über den Notrufkanal 16 erhalten wir keine Rückmeldung.

Ohne Anmeldung segeln wir unser Schiff mit Hilfe des GPS in Richtung der Marina San Jose, die in einer kleinen Bucht liegt. Die Windabdeckung der dunklen Basaltfelsen gibt uns Schutz. Das Bergen der Segel macht keine Probleme und schließlich fahren mit unserer „Thalatta" in den Hafen. Direkt gegenüber der Einfahrt bekommen wir vom Marinero einen Platz zugewiesen. Wir sind zufrieden, als wir feststellen, dass auch die „Alegria" nun ihren Platz in dieser kleinen hübschen Marina gefunden hat und wir alle, nach fast

Bordhund Timmy

zwölf Stunden hartem Segeln, sicher unsere Schiffe festgemacht haben. Die Marina San-Jose liegt im Schutz eines etwa 20 Meter hohen rötlichen Felsen. Das Hafenrestaurant und die Verwaltungsgebäude haben einen hübschen weißen Anstrich und fügen sich harmonisch ein. Die Ortsmitte ist in fünf bis zehn Minuten zu Fuß erreichbar. Nachdem unser Schiff versorgt und unser Bordhund sich entsorgt hat, sitzen wir mit der Crew der „Alegria" auf der Terrasse des Hafens. Wir sind froh, doch noch für beide Yachten einen sicheren Platz gefunden zu haben. Beide Crews sind noch aufgedreht. Wir gönnen uns nach einem solchen Tag einige Tapas und Biere. Die körperliche Anstrengung des Tages macht sich nach kurzer Zeit bemerkbar. Zum Abendessen verabreden wir uns und landen in einer Pizzeria direkt am Hafen. Einen schönen Sitzplatz, eine leckere Pizza und ein kalter Vino Blanco lassen uns den Abend genießen.

Die Gespräche an unserem Tisch sind schleppend, die Müdigkeit überkommt uns alle vier, sodass wir beschließen, nach dem Essen in die Kojen zu verschwinden. Es ist jedoch noch helllichter Tag, egal, wir sind mit unseren Kräften am Ende. Selbst Timmy hat das harte Segeln zugesetzt. Er scheint froh zu sein, dass es ins Körbchen geht. Wir schlafen in dieser Nacht so fest wie selten. Dass der Wind die ganze Nacht mit fünf Beaufort diesen hübschen kleinen Hafen und somit auch uns traktiert, bekommen wir überhaupt nicht mit. Unsere Handtücher, die wir wie üblich an der Reling trocknen, sind am anderen Morgen noch da, aber meine teure Wetterjacke ist auf und davon. Ein großer Verlust für mich, ohne Zweifel.

San Jose'- Almeria

Wir starten früh. Heute wollen wir Almeria erreichen. Die Wettervorhersage macht uns Mut. Westwind um fünf auf Nord vier drehend, sagt der Deutsche Wetterdienst aus Pinneberg. Navtex ist nicht so optimistisch und bleibt bei westlichen Winden. Die „Alegria" folgt uns etwa 30 Minuten später. Das Ablegemanöver ist, wie uns die beiden später berichten, durch den seitlich einfallenden Wind und der ungünstigen Kaimauer für Heinz und Liesel nicht einfach. Das Großsegel haben wir zweifach gerefft und die Fock entsprechend verkleinert. So wenig Segelfläche hatten wir schon lange Zeit nicht mehr gesetzt. Wir segeln hoch am Wind und versuchen Höhe zu laufen. Gemeinsam kämpfen wir mit unserer „Thalatta" um jeden Meter. Nach einer Stunde zeigt uns das Windmessgerät 20 Knoten und steigend. Die Gischt des eintauchenden Bugs in die mittlerweile zwei bis drei Meter hohen Salzwasserwellen erreichen uns trotz Sprayhood im Cockpit. Alle Luken sind geschlossen. Selbst Timmys Platz vor der Lenksäule ist nass. Ihn selber kann man zurzeit, ohne zu übertreiben, als Salzbuckel bezeichnen. Langsam kommt die „Alegria" auf. Gegen Mittag zieht sie in Luv Meter um Meter an uns vorbei. Da die „Thalatta" eine Geschwindigkeit von ca. sechs Knoten fährt, müsste Heinz ca. sieben Knoten auf seinem Log haben. Mir gelingen noch wunderschöne Videoaufnahmen von der „Alegria", als sie in die Wellentäler taucht, für einen Moment verschwindet und dann wie von Geisterhand wieder emporschnellt. Sobald die Welle durchgelaufen ist, zeigt uns die „Alegria" nur noch die Spitze ihres Riggs. Am Horizont sehen wir,

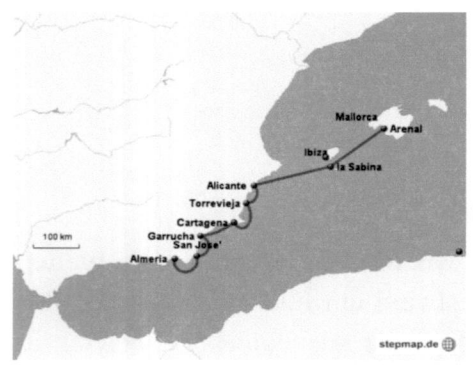

dass ein großes Schiff in unsere Richtung fährt und unseren Kurs vielleicht kreuzen könnte. Wir halten diesen Pott im Auge. Es ist immer wieder erstaunlich, wie schnell aus einem kleinen Punkt am Ende unseres Blickes vor unserem Bugkorb ein Schiff fast so hoch wie ein großes Wohnhaus werden kann. In unserem Fall ist es ein Containerschiff. Die von Feli und mir unabhängig vorgenommene Seitenpeilung ergibt, dass wir auf Kollisionskurs sind. Da wir uns auf dem Streckbug befinden, müssen wir wohl aus Sicherheitsgründen bald auf den Holebug wechseln. Wir tun dies auch. Die Wende fahren wir fast wie aus dem Lehrbuch, wobei wir immer die Kommandos mit Rückmeldung, wie in der Segelschule gelernt, benutzen. Es kann an Bord also nie die Ausrede „Ich habe dich nicht oder ich habe dich falsch verstanden" benutzt werden. Wir verlieren durch dieses Manöver Zeit, aber die Sicherheit geht immer vor. Cabo de Gata liegt nun fast achteraus, sodass wir es wagen können, Almeria anzusteuern. Der Wind kommt nun aus Südwest, jedoch mit 30 bis 35 Knoten, was etwa acht Beaufort entspricht. Die Wellen treffen unsere „Thalatta" an Backbord im vorderen Drittel. Das Meer scheint zu kochen. Von den Wellenkämmen beginnt die Gischt wieder abzuwehen. An der Meeresoberfläche bildet sich Schaum als Steifen in Windrichtung. Wir nehmen nun viel Wasser über und bei jedem Treffer gegen die Bordwand neigen wir uns mit unsere „Thalatta" bedrohlich auf die Steuerbordseite. Das Süll fahren wir meist im Wasser. Die „Thalatta" schlägt und stapft durch die See. Unsere Besegelung ist zu leegierig und wir beschließen, die Fock noch weiter einzurollen, damit wir die für uns nun so notwendige Höhe weiter halten können. Feli segelt uns in den Wind, damit ich die Fockrolle bedienen kann. Es gelingt mir nicht, auch nur ein wenig Tuch wegzunehmen. Mein lautes Brüllen, Feli soll mehr in den Wind gehen, bringt kein Ergebnis. Wir starten den Motor, um höher und mit mehr Kraft die „Thalatta" in den Wind zu treiben. Eine Halse wäre in der jetzigen Situation wohl eine Katastrophe. Wir sammeln uns und sind hochkonzentriert. Mit losem Groß und Motor mit 2000 Umdrehungen schießen wir in den Wind. Als das Großsegel im Wind flattert, wir also genau im Wind stehen und ich versuche die Fock zu verkleinern, sehe ich unser Problem. Die Fockleine hat sich in der Rolle total verdreht und bewegt sich keinen Millimeter. Ein sogenannter Überläufer. Mir fehlt die Erklärung für das Entstehen dieser Problematik. Wir lassen die "Thalatta" erst einmal wieder vom Wind abfallen und besprechen die neue Situation. Schnell werden wir uns darüber klar, dass ein Weitersegeln mit der zu großen Fock nicht möglich ist. In unser gesetztes Groß haben wir zwei Reffe gebunden. Um die Fläche auszugleichen und somit die Fock nicht zu reffen, müssen wir unser Groß vergrößern. Bei nunmehr beständigen 35 Knoten Wind erscheint uns diese Möglichkeit jedoch als zu abenteuerlich. Es soll ein Versuch gestartet werden, die Rolle gängig zu bekommen. Ein einziger Meter würde uns reichen. Gesichert mit meinem Gurt und einer zusätzlichen Leine versuche ich nach vorne zum Schiff zu kommen. Alle die dieses bei solch einem Wetter schon getan haben, werden wissen, dass es nicht so einfach ist. Auf dem Bauch liegend versuche ich nach vorne zu robben. Der immer wieder in die See tauchende und emporschnellende Bug schleudert selbst mich mit meinen 95 Kilo bedenklich hoch. Als ich mich mit meinen drei Karabinerhaken des Gurtes sichere, versuche ich mit einem dicken Schraubenzieher die Fockrolle zu lösen. Es hat sich in dieser Situation bewährt, dass ich diesen Schraubenzieher am Griff durchgebohrt habe, um diesen mit einer Leine an meinem Gurt zu sichern.

Feli versucht in dieser Zeit die „Thalatta" so weit wie möglich in den Wind zu fahren, damit mein Arbeiten leichter wird. Der Seegang drückt uns mal auf die Steuerbordseite und Sekunden später auf die Backbordseite. Mit dem Getöse und Geschrei der sich an der Bordwand brechenden Wellen steigt unser Schiff in die Höhe und schlägt im Sekundentakt von der einen zur anderen Seite. Das Salzwasser macht meinen Augen Probleme. Die wildesten Fahrgeschäfte auf Jahrmärkten haben sicherlich nicht diese Wirkung. Fast scheint es mir zu gelingen, die Leine wird lockerer. Doch plötzlich knallt es über mir und wir müssen mit ansehen, wie sich unser Fock in zwei Teile zerlegt. Das Schlagen während meiner Reparaturversuche hat sie nicht mehr ausgehalten. Das Bergen des defekten Segels muss nun schnell gehen. Bis Almeria steht nur noch unser Großsegel zur Verfügung.

Almeria zu sehen bei dieser überkommenden Gischt ist unmöglich. Durch dieses ganze Manöver haben wir leider auch den Sichtkontakt zur „Alegria" verloren. Ziemlich weit Steuerbord voraus machen wir sie dann später aus. Über unser Funkgerät Kanal 72 nehmen wir Kontakt auf. Zu allem Überfluss bekommen wir über zwei Stunden keine Positionsangabe von unserem GPS. Ich schwöre mir demnächst ein Ersatz-GPS anzuschaffen. In der Bucht von Almeria sind Heinz und Liesel mit der „Alegria" und wir mit der „Thalatta" wohl an diesem Sonntag die einzigen Segler. Ist ja auch zu verstehen, wer geht bei einem solchen Wind schon aufs Meer hinaus?

Das Seglerglück erreicht uns nun doch wieder. Umso mehr wir uns Almeria nähern, umso günstiger fällt der Wind ein. Für uns liegt die Hafeneinfahrt in ca. 330°. Es dauert dann aber auch nicht mehr lange, bis wir einen großen Turm ausmachen. Der Radarkontrollturm von Almeria ist zu erkennen. Gegen 20.00 Uhr laufen wir in den Vorhafen von Almeria ein. Auch hier weht der Wind noch mit sechs Beaufort. Da jedoch genügend Raum vorhanden ist, verstauen wir das Großsegel schnell in der Segeltasche des Baumes. In solchen Situationen sind wir immer froh, dass wir unser Großsegel-Bergesystem haben. Die sehr hohe Mole lässt erkennen, dass unser Ziel, der Club de Mar Almeria, sehr geschützte Liegeplätze hat. Ich steuere die „Thalatta" langsam in den Hafen. Nach meiner Berechnung müsste die „Alegria" schon etwa eine halbe Stunde an ihrer Muringleine hängen. Als wir um den Molenkopf einbiegen, sehe ich einige Marineros die uns zuwinken. Zwei Marineros fahren uns in einem Schlauchboot entgegen. Es ist Sonntagabend. Einige Leute sitzen auf ihren Schiffen und lassen das Wochenende ausklingen. Als wir den uns zugewiesenen Liege-platz erreichen, sehen wir, dass auch Liesel und Heinz sowie einige Spanier uns beim Anlegen helfen wollen. Von den Schiffen in der Nähe und von den anwesenden Marineros werden wir mit Applaus und vielen freundlichen Worten begrüßt. Wie Heinz später berichtet, erging es der „Alegria" ebenso. Der Segellehrer des Hafens fragt später bei uns nach, ob wir es gewesen sind, die den ganzen Tag im Golf von Almeria gesegelt sind? Er hätte dieses mit anderen den ganzen Tag über beobachtet. Er bescheinigt uns seine Anerkennung, bei solch hoher See und sehr kräftigem Wind alles sehr gut gemeistert zu haben. Über diese Anerkennung freuen wir uns natürlich. Nach dem sicherlich verdienten Anlegerschluck bringen wir unsere Thalatta wieder in Ordnung und räumen vor allen Dingen im Salon auf, bevor wir mit der Crew der „Alegria" Heinz und Liesel zum Abendessen in einem chinesischen Restaurant landen.

Am nächsten Morgen kümmern wir uns erst einmal um unser Schiff. Das Vorsegel ist genau in dem Bereich Achterliek, unterhalb vom Kopf bis zum Schothorn, den der Segelmacher in Torrevieja als nicht mehr besonders haltbar bezeichnete, gerissen. Da unser Vorsegel kein Opfertuch hat, hat die Sonne das Gewebe wohl über die Jahre spröde gemacht. Bei der Anschaffung eines neuen Segels werden wir einen entsprechenden Sonnenschutz, ein Opfertuch, anbringen lassen.

Hier in Almeria, im östlichen Teil der Costa del Sol, wollen wir uns zwei bis drei Tage ausruhen, kleinere Schäden am Schiff beseitigen und hoffen, dass unser Segel noch einmal repariert werden kann. Auch die „Alegria" hat Schäden an den Segeln, sodass der Segelmacher genug zu arbeiten hat. Wir genießen das Hafenleben und die Großstadt Almeria. Eine Stadt mit kalkweißen Häusern, die sehr andalusisch, fast schon orientalisch, auf uns wirken. Eingebettet ist diese Stadt in fast kahlen und schroffen Bergen. Aus dem Reiseführer erfahren wir, dass die Araber dieser Stadt den Namen gaben. Sie nannten sie „Al Meriah", was soviel bedeutet wie „Spiegel des Meeres". Starke Hitze soll häufig über Almeria und dem spiegelglatten Golf liegen. Glattwasserfreunde waren damals und sind sicherlich auch heute noch begeistert. Wir haben den Golf von Almeria jedoch von seiner stürmischsten Seite kennengelernt. Vom Hafen ist es nicht weit zur Festung Alcazaba, aus dem 10. Jahrhundert, die auf einem Felsen von den Arabern erbaut wurde. Von hier aus hat man einen schönen Blick zum Hafen und über die Stadt. Ein gefürchtetes Seeräubernest soll Almeria einmal gewesen sein.

Wir rechnen jeden Tag mit unserer reparierten Fock, werden aber immer wieder vertröstet. Heinz und Liesel wollen weiter in Richtung Gibraltar. Wir werden leider nicht weiter mitsegeln können, da uns nur vier bis fünf Wochen zur Verfügung stehen, von denen ja schon über zwei Wochen vergangen sind. Unsere Rückreise nach Mallorca steht bevor. Im Club de Mar essen wir noch einmal zusammen zu Abend und lassen die hinter uns liegenden Seemeilen noch einmal Revue passieren. Wir lachen viel und nach einigen Gläsern Bier und Wein werden, wie immer, die Wellenberge und Windstärken größer als tatsächlich. Wir verabschieden uns von der Crew der „Alegria", von unseren Freunden.

Straßenkampf zwei gegen drei

Am folgenden Morgen ist der Himmel bewölkt. Im Norden sind die Wolken schwarz und im Süden grau bis blaugrau. Der Osten zeigt uns eine rotbraune Bewölkung, ein also insgesamt buntes Gemisch. Dazwischen jedoch kleinere, wolkenfreie Bereiche. Eine Farbmischung wie auf der Palette eines Malers. Es sieht nach Unwetter aus oder auch nach Beginn eines schönen Tages. Genau wissen wir es nicht. Der Wetterbericht sagt uns einen schönen Segeltag voraus.

Als wir gegen 08.00 Uhr den Hafen verlassen, ist der Golf von Almeria, wie in den Reiseführern beschrieben, spiegelglatt. Was für ein Unterschied zu der Situation vor drei Tagen. Die Wolkenfelder lichten sich nach dem Bordfrühstück und der Wind lässt einen Halbwindkurs zu. Unser Zielhafen soll Garrucha sein. Da wir unsere defekte Fock in Almeria nicht repariert bekommen haben, ist als Ersatz nun unsere Sturmfock im Einsatz. Sicherlich keine gute Lösung. Die bergige Küste dieses wenig besiedelten Teils der Costa Calida zieht Backbord an der „Thalatta" vorbei. Unser Schiff zieht mit guten sechs Knoten durch die See und bringt uns dem Tagesziel zügig näher Gegen Abend erreichen wir das uns schon bekannte Garrucha. Da für unsere Heimreise der Wind für den nächsten Tag günstig gemeldet wird, soll Puerto Cabo de Palos der nächste Hafen sein. Blauer Himmel und Wind aus Südost bescheren uns wieder einen herrlichen Segeltag. Die „Thalatta" segelt wie auf

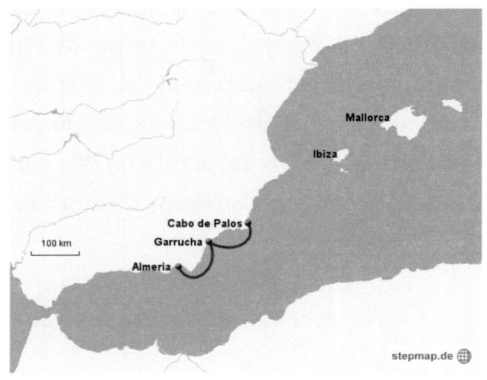

Schienen und wir verbringen fast den ganzen Tag mit lesen und dösen auf dem Vorschiff. In der Plicht baut Feli aus Tüchern, gehalten von Wäscheklammern, einen Sonnenschutz für Timmy. Es dauert einige Zeit und machte viel Mühe diese Konstruktion zum Halten zu bringen. Und was macht unser Bordhund Timmy? Er bestaunt diese für ihn neue Behausung und nur mit einigen Überredungskünsten gelingt es Feli, unseren Timmy aus der Sonne in den schützenden Schatten zu delegieren.

Südlich Cabo de Palos liegt der kleine Hafen Puerto Cabo de Palos auf 37°38'N 000°41'W. Er gilt als sicher bei jedem Wetter. Auf die Einfahrtstonnen ist dringend zu achten. Bei einer Wassertiefe von zwei Metern und einer sehr engen Einfahrt fahre ich die „Thalatta", am späten Nachmittag vorbei an der Mole, hafeneinwärts. Die rostige Tonne in der Einfahrt lasse ich an Backbord liegen.

Wir warten einige Zeit auf die Zuweisung eines Liegeplatzes, ohne dass etwas geschieht. Einen Club Nautico oder einen Marinero können wir nicht entdecken. Nach einiger Zeit machen wir uns an der Hafenmauer gegenüber einem Restaurant fest. Die Durchfahrt an dieser Stelle ist so breit, dass wir ganz sicher niemanden stören. Unsere Festmache belege ich, zweckentfremdet, an einem Geländer. Timmy kann mit einem kurzen Sprung das Schiff verlassen und an den vorhandenen Bäumen und Laternen seine Infos hinterlassen. Auf der alten, teilweise schon untergegangenen Hafenmole lässt sich vorzüglich spielen. Ich glaube, er bedauert es sehr, dass Frauchen und Herrchen nicht der gleichen Meinung sind und nicht mit ins Vorhafenbecken springen.

Den kleinen Ort haben wir schnell erkundet. Für unser heutiges Abendessen fällt die Entscheidung für ein Restaurant, welches erhöht in der Nähe der Hafeneinfahrt liegt. Das „El Pez Rojo". Da Timmy mittlerweile wieder ein trockenes Fell hat, darf er mit uns gehen.

Wir erleben mal wieder einen traumhaften Sonnenuntergang und warten bei einem kalten Weißwein auf unseren bestellten Fisch. Dass wir länger warten müssen als üblich stört uns nicht. Wir haben so einen wunderschönen Platz mit Blick über die kleine Promenade und einen Teil des Hafens und fühlen uns wohl. Die Sonne steht nun kurz vor dem Horizont und ihre Strahlkraft ist so abgeschwächt, dass man beim Anblick nicht mehr geblendet wird. Ihre Röte versetzt alles andere in einen warmen und friedlichen Anschein. Es sind die Momente zum Träumen und es sind Momente der Ruhe und Zufriedenheit. Que Vida!

Am späteren Abend machen wir es uns in der Plicht unseres Schiffes gemütlich. Es kühlt kaum ab und bis weit nach Mitternacht sitzen wir draußen und beobachten das Treiben im Hafen. Die Unterhaltung zwischen mir und Feli wird immer wieder von langen Gesprächspausen unterbrochen. Wir genießen die Ruhe auf unserem Schiff, das nur durch die vielleicht zehn Meter breite Hafeneinfahrt von der kleinen Promenade mit den wenigen Geschäften und Kneipen getrennt ist. Irgendwann übermannt uns die Müdigkeit.

Der nächste Tag beginnt für uns sehr früh. Im Ort selber ist noch kein Leben auszumachen. Da Timmys morgendlicher Spaziergang noch aussteht und wir dringend frisches Brot benötigen, ziehe ich mit Timmy los. Die Skipperin bleibt zurück und will unsere Abwesenheit nutzen, um eine größere und sicherlich auch notwendige Reinigungsaktion auf der „Thalatta" zu starten. Mit Hund und Mann an Bord ist dieses immer schwer, so sagt sie. Wir würden im Wege stehen, meint sie. Na, ob das alles wahr ist?

Ich laufe mit Timmy um das ganze Hafenbecken herum. Da weit und breit niemand zu sehen ist, auch Autos nicht zu befürchten sind, kann er ohne Leine laufen. Es gibt im Hafen von Cabo de Palos wohl keine Laterne oder ähnliches, an der Timmy nicht für nachfolgende Artgenossen eine Nachricht hinterlassen hat. Ich muss schon sehr gut aufpassen, damit er sich nicht in den Netzen der Fischer wälzt. Wir glauben er macht dies, um für eine eventuell noch zu treffende Hundedame möglichst intensiv, aber gut zu riechen, für seinen Geschmack eben.

90

Nach etwa einer halben Stunde haben wir den Hafen gerundet. Zwischen uns und der „Thalatta" liegen nur etwa 20 Meter aber auch die Hafeneinfahrt. Unsere Betten hängen über dem Baum. Alles Mögliche an Innenleben unseres Schiffes hängt zum Lüften und wir hören den Staubsauger bei der Arbeit, an dessen Ende wohl die Skipperin agiert.

Es dauert eine Zeit, bis ich eine Bäckerei gefunden habe. Mit Pan und Panecillos (Brot und Brötchen) gefüllten Tüten wollen wir beide wieder zum Schiff zurück, als aus einer kleinen Gasse drei große Hunde zähnefletschend und äußerst bedrohlich uns den Weg streitig machen wollen. Zum Glück habe ich Timmy an der Leine, als dieser Macho der Meinung ist, sich mit den drei finsteren Gesellen anlegen zu müssen. Mit einem sehr tiefen und extrem aggressiven Knurren und Bellen, gepaart mit dem Hochziehen der Lefzen, sodass jeder Zahn zu sehen ist, geht Timmy in eine Verteidigungsposition. Er macht sich so groß wie möglich und stellt sein gesamtes Fell nach oben. Sicherlich, um mächtiger zu wirken. Ich habe ihn noch nie so erlebt. Zu allem scheint er bereit. Eine Gasse in Richtung Hafen erscheint mir als ein geeigneter Fluchtweg. Nur Timmy ist der Meinung, er müsste sich der Gefahr stellen. Hinter mir her muss ich ihn ziehen, damit wir aus der Gefahrenzone kommen. Die Drohgebärde unseres Bordhundes lässt die Angreifer jedoch kalt, sie verfolgen uns. Nach einigen Metern des Hinterherziehens sieht Timmy wohl ein, dass hier nur der Klügere siegen wird, und läuft nun fast schneller als ich. Eine erfolgreiche Flucht soll uns jedoch nicht gelingen. Innerhalb von einigen Sekunden haben uns die drei eingeholt und das böse Spiel beginnt von vorne. Die Dreiertruppe besteht aus zwei schwarzen Hunden, größer als Schäferhunde, wobei einem ein halbes Ohr fehlt. Der Dritte ist kleiner, etwa halb so groß wie Timmy. Alles Rüden.

Ich muss mir etwas einfallen lassen. Die Version der Flucht ist gescheitert und Timmy wird uns hier nicht alleine raus hauen können. Einer der drei kommt näher auf uns zu, scheinbar der Anführer, das Alphatier. Uns trennen vielleicht noch zwei Meter, als überraschend der kleinste dieser aggressiven Hunde anfängt zu bellen. Vorher hatte man von diesem kleinen Mitläufer nichts gehört, er hielt sich in Deckung der beiden anderen. Auch der scheinbare Anführer ist für einen kurzen Moment überrascht und dreht sich für eine Sekunde um. Diese geänderte Lage muss ich nutzen. Mit meinem Fuß trete ich den Halbohrträger mit voller Wucht an den Kopf und treffe dabei wohl die Schnauze. Die Überraschung ist perfekt. Mein Kontrahent geht sofort in die Knie und sucht Deckung. Ein Aufheulen mit einem hohen winselnden Ton des Anführers veranlasst die beiden anderen Hunde, erst einmal den Abstand zwischen uns stark zu vergrößern. Da auch Timmy meine Aktion mit der notwendigen Lautstärke unterstützt, haben wir die Situation erst einmal im Griff. Mit energischen Schritten geh ich dann auf den Rambo mit dem halben Ohr zu, begleitet von einem scheinbar zu allem entschlossenen Bordhund. Diese Aktion veranlasst unsere Angreifertruppe zum endgültigen Rückzug. Ein großer Stein fällt mir jedoch vom Herzen, da es ja auch alles hätte anders ausgehen können.

Ohne Umwege laufen wir zur „Thalatta" zurück. Selbst zum Schnüffeln nimmt Timmy sich keine Zeit. Er sieht mich die ganze Zeit nur an und als ich Feli von unserem Abenteuer berichte, schaute er, so glaube ich, stolz auf sein Herrchen.

Lange noch mache ich mir Gedanken über das Erlebte und was diese Hunde wohl so aggressiv gemacht hat. Wir haben so etwas noch niemals erlebt.

92

Cabo de Palos – Alicante – Moraira

Nach dem Frühstück verlassen wir den Hafen von Cabo de Palos. Bei schönstem Wetter fahren wir zuerst unter Maschine um das Cabo de Palos in nördliche Richtung. Das Cabo liegt nun Backbord querab. Ab hier segeln wir mit halbem Wind in Richtung Alicante. Wir können die „Thalatta" mitten durch die beiden Inseln Isla Grosa und El Farallon segeln. Mit vier Beaufort aus nordöstlicher Richtung kann das Segeln kaum noch mehr Spaß machen. Unsere „Thalatta" liegt auf der Backbordseite und rauscht mit sechs Knoten durch die See. Wir wollen unser Versprechen einhalten und Richard von der Segelyacht „Lets Dance" auf unserer Rückreise noch einmal besuchen. Nach einigen sehr ruhigen und beschaulichen Hafentagen an der Costa de Sol und an der Costa Calida ist das quirlige Leben Alicantes sicherlich eine willkommene Abwechslung für uns.

Gegen 16.00 Uhr dreht der Wind und wir können mit guten achterlichen Winden und mittlerweile sechs Beaufort in Richtung Alicante rauschen, ja fast fliegen. Wir surfen mit unserem 32 Fuß Schiff bei sieben Knoten Geschwindigkeit auf den mitlaufenden Wellen. Unsere „Thalatta" lässt sich auf diesem Kurs mit zwei Fingern steuern. Die Sonne im Rücken und Alicante voraus genießen wir diesen Traumsegeltag, der viele unangenehme Stunden vergessen lässt. 65 Tages-Seemeilen zeigt unsere Loge, als wir gegen 21.00 Uhr an der Mole de Espera in Alicante festmachen. Die Leinen unserer „Thalatta" sind sicher an den Klampen belegt. Die gesamte Crew begibt sich nun in die Altstadt. Diesmal ohne Diskussion mit Timmy. Wir finden ein schönes Lokal, wo wir auf der Terrasse herrliche Tapas und einen guten kalten Weißwein serviert bekommen. Wir lassen diesen schönen Segeltag noch einmal in unseren Gesprächen ablaufen und ihn dadurch ebenso schön ausklingen. Da die Marina Alicante auch über Waschmaschinen und Trockner verfügt, fährt Feli den ganzen nächsten Tag mit irgendwelchen Wäschebeuteln auf ihrem Bordfahrrad zum Hafengebäude. Ich nutze die Gelegenheit und ergänze unsere Vorräte im Supermarkt. Nachmittags berichten wir Richard von unserer Reise. Am meisten interessiert ihn Cartagena. Hier war er wohl längere Zeit. Wir machen uns noch einige schöne Tage in Alicante und verabschieden uns von Richard in der Hoffnung auf ein Wiedersehen. Man weiß nie, ob das auch möglich sein wird.

Es ist nun Mitte Juni. Unsere Reise führt zurück in unseren Heimathafen El Arenal auf Mallorca, der Hauptinsel der Balearen. Wir verlassen gegen 10.00 Uhr den Hafen von Alicante mit dem Ziel Moraira. Die Winde sind mit uns. Wir segeln. An Backbord zieht die Costa Blanca vorbei. Wir erkennen die wunderschöne Altstadt von Villajoysa mit den bekannten bunten Häusern. Benidorm, dieser touristische Moloch, wächst tatsächlich immer noch, Manhattan gleich, in die Höhe.

Die Isleta de Benidorm lassen wir eng an Backbord liegen, um danach unseren Kurs nördlicher anzulegen. Der Wind weht um drei Beaufort aus Ost und lässt nur einen Am-Wind Kurs zu. Hinter der Punta del Albir erkennen wir die auf einem Hügel gelegene Altstadt von Altea, der weißen Stadt. Die bunte Rundkuppel der Kirche ist ein guter Ansteuerungspunkt. Der Hafen mit dem Club Nautico liegt etwas südlich von der Altstadt. Wir kennen ihn von früheren Reisen als gut geführte Anlage.

Der Penon de Ifach mit seinen 328 Metern ist nun nicht mehr zu übersehen. Zu seinen Füßen liegt der von uns sehr oft und gerne angelaufene Hafen von Calpe. Als Wahrzeichen der Costa Blanca wird dieser Fels immer wieder werbewirksam genutzt. Als offizielles Naturreservat ist er geschützt. Ein Ersteigen des Ifach ist möglich und auch zu empfehlen. Der atemberaubende Rundumblick vom Felsen, der vulkanischen Ursprung ist, entschädigt für den doch mühsamen Aufstieg. Selbst unser Bordhund Timmy ist vor einem Jahr mit Feli frühmorgens zum Aufstieg aufgebrochen. Mit Kompasskurs 10° steuern wir unser heutiges Ziel an, welches hinter dem etwa 170 Meter hohen Cabo de Moraira liegt. Aus dem kleinen Fischerort Moraira, gelegen auf

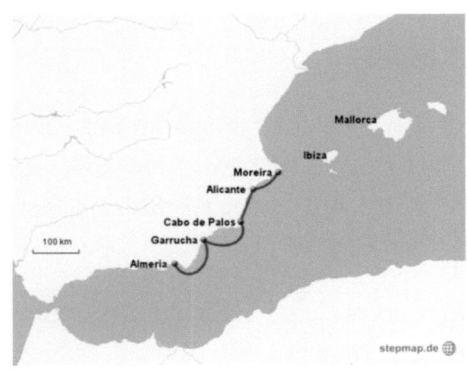

38°39',80N - 00°08',50E, hat sich ein touristischer Ort, nicht ohne Flair, mit einer modernen Marina gebildet. Wir hoffen auf einen guten Liegeplatz und steuern zuerst die Tankstelle an. Während unser Dieselvorrat aufgefüllt wird, sprechen wir mit dem Marinero. Über Funk erhalten wir einen Platz für die kommende Nacht, etwa in der Mitte des Hafens. Die starken Böen, die seitlich einfallen, machen mir Probleme beim Ablegen von der Tankstelle. Aber mit Hilfe des Marinero gelingt es uns dann doch noch, ohne Schäden am Schiff in die Hafenmitte zu kommen. Leider werden wir zu einer anderen Muringleine dirigiert. An dem uns nun zugewiesenen Platz liegen wir mit unserer „Thalatta" neben einer vielleicht 20 Meter langen und 5 Meter hohen Motoryacht in der äußersten Ecke des Hafens. Ein wirklich schlechter Platz. Der englische Skipper einer Nachbaryacht hilft uns beim Anlegen. Da die vorhandenen Muringleinen für die Abmessungen von großen Motoryachten bestimmt sind, habe ich meine Not, diese Leinen für unsere „Thalatta" achterlich auf Zug zu bekommen. Für Timmy, der schon auf Spannung steht, ist die Lage dieses Platzes ein Traum. Vom Schiff aus kann er direkt auf den Schutzwall des Hafens laufen, um dort nach Katzen zu suchen. In den meisten der aufgeschüttete Felssteinwälle der Häfen verbergen sich Dutzende von Katzen. Sie leben meist von den weggeworfenen Fischresten der Angler und Berufsfischer. Wir sehen Timmys Jagdleidenschaft mit etwas gemischten Gefühlen. Aus gejagten Katzen werden schnell Angreifer, die unserem Bordhund mehr zusetzen können, als er sich wohl vorstellen kann. In unseren Vorstellungen sehen wir uns schon beim jeweiligen örtlichen Tierarzt.

Heute gibt es aus der Bordküche der „Thalatta" Spaghetti mit einer Sauce aus Meeresfrüchten, Tomaten und Gemüse. Eine absolute Delikatesse! Nach dem Essen und Klarschiff in der Kombüse gehen wir drei auf einen Stadtbummel in den Ort.

Der Tourismus ist allgegenwärtig. Fast an jeder Ecke ein Immobilienmakler. Jeder mit einem besseren Angebot als das bei seinem Kollegen gegenüber. Überhaupt ist das Angebot an den allumworbenen Kunden mehr auf die Besitzer von Häusern und Wohnungen ausgerichtet. Wir nehmen in einem Ecklokal einen „Café cortado" und schauen dem Treiben zu. Uns fällt auf, dass keiner der anderen Gäste, egal welcher Nation, sich die Mühe macht, seine Bestellung beim Camarero (Kellner) in Spanisch aufzugeben. Es wird noch nicht einmal ein Versuch unternommen. Mit der Zeit werden unsere Kenntnisse in der Landessprache unserer Gastgeber besser. Da wir uns sehr oft außerhalb der touristischen Trampelpfade aufhalten, ist dieses auch notwendig. Es freut uns, einfache Gespräche mit Erfolg zu führen. Das Lob der Spanier für jede gelungene Wortkombination ist uns immer sicher. Eine Freude unsererseits, die nicht jedem zugänglich ist.

Wir schlendern durch die Gassen von Moraira und sind auf der Suche nach einem schönen Lokal für unseren Dämmerschoppen. Es soll heute nicht so spät werden, da morgen unsere Überfahrt vom spanischen Festland von der Costa Blanca, zu den Pityusen geplant ist. Ob dies Formentera oder Ibiza sein wird, steht noch nicht fest.

Im Verhältnis zu anderen Orten, die wir kennengelernt haben, ist in Moraira alles früher beendet. Die meisten Restaurants haben um 23.00 Uhr schon geschlossen und um Mitternacht lichten sich die Straßen zusehends. Ist die Begründung darin zu sehen, dass der überwiegende Teil der Gäste aus dem mittleren und nördlichen Teil Europas stammt und das Durchschnittsalter durchweg höher ist als in vielen anderen Orten? Wir bekommen unser Schlummerbier in einer noch geöffneten Eisdiele und machen uns keine Gedanken mehr. Gegen 01.00 Uhr verziehen wir uns auf unser Schiff.

Zurück zu den Inseln der Pityusen

Nicht wie sonst früh am Morgen, sondern erst gegen 10.00 Uhr, werfen wir die Leinen los. Das Windmessgerät zeigt uns vier Knoten aus Südwest. Wir geben unserem Autopiloten die Richtung mit 90° und öffnen die Segel. Die Küste des spanischen Festlandes liegt schnell im Kielwasser und wir erkennen bald das Wahrzeichen der Costa Blanca, den 328 Meter hohen Penon de Ifach, in Calpe nur noch schemenhaft. Dieser Tag auf See bringt die erhoffte Erholung pur. Der Wind bleibt beständig. Noch ist die Entscheidung, welche Insel wir anlaufen wollen, nicht gefallen. Zwischen Ibiza mit dem Hafen San Antonio oder La Sabina auf Formentera werden wir uns entscheiden. Gegen Mittag setzen wir den Blister. Mit unserem bunten Leichtwinder erreichen wir teilweise sieben Knoten Geschwindigkeit über Grund. Er schiebt uns der Inselgruppe der Pityusen immer näher entgegen. Auf unserem Lieblingsplatz, dem Vordeck, haben wir es uns gemütlich gemacht, die Arbeit macht ja der Autopilot. Die Sonne brennt auf unsere segelnde Yacht inmitten einer blauen, teilweise über 100 Meter tiefen See. Alle vier Himmelsrichtungen bieten unseren Augen die unendlichen Weiten des Mittelmeers. Seit unserer Abfahrt am Morgen haben wir kein anderes Schiff ausmachen können. Wir segeln unsere „Thalatta" ostwärts und das scheinbar alleine in diesem Seegebiet. Nach ca. vierzig Seemeilen treffen wir die Entscheidung zugunsten Formentera, unserer Lieblingsinsel. Nur eine leichte Kurskorrektur nach Süden ist notwendig. Eine Statistik, so habe ich gelesen, sagt, dass aufgrund des gesunden Klimas die Bewohner der Insel Formentera die angeblich höchste Lebenserwartung aller Spanier haben. Wenn das nicht ein Grund ist, zu der zweitgrößten Insel der Pityusen zu segeln! Es wird Zeit, das Vordeck zu räumen. Bevor die Sonne nun bald in unserem Kielwasser untergeht, sitzen wir wieder in unserer gemütlichen Plicht und warten auf dieses, immer wieder, berauschend schöne Ereignis. Ein Glas Vino Blanco, gut gekühlt, gibt der Sache noch einen feierlichen Rahmen. Keine „Landratte" vermag die Schönheit eines Sonnenuntergangs auf hoher See nur annähernd zu erahnen. Wir sitzen und reden über die Dinge, die uns auf Formentera und Espalmador so gut gefallen. In Sabina müssen wir die bestellten Kissenbezüge aus mallorquinischem Stoff abholen. In Pujols wollen wir Pizza essen und einige Biere in der Tennisbar trinken. Wir denken an die Fonda Plata in San Francisco und an Schopi den Künstler. An Lambert, den Wirt vom Pavillon. Wir nennen es das Beduinenzelt, gebaut um eine Palme am Ende des Hafenbereiches. Uns kommt das Casa Aqua Blava ins Gedächtnis zurück, wo wir einige Male gewohnt haben, und die alte Joven Dolores, mit der wir früher von Ibiza nach Formentera gefahren sind. Wir träumen von den Touren mit unseren Bordfahrrädern durch die Salinen mit Sonnenuntergang an der alten Salzmühle. Vom Restaurant Pulpo und vom Piratabus. Wir wünschen uns, bald in Espalmador vor Anker zu liegen, um ein Strandleben zu genießen, wie es wohl zu guten Zeiten nur in der Karibik möglich war. An

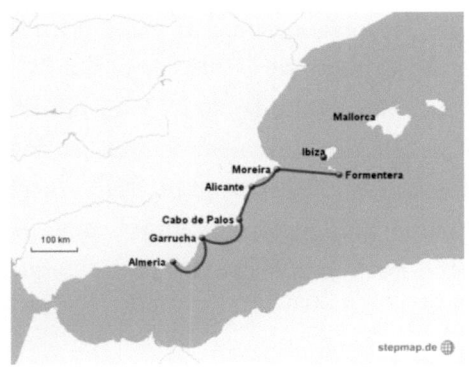

Vollmondnächte in der Lagune, um uns von den Wellen in den Schlaf schaukeln zu lassen. Es Calo mit dem Ruf der guten Fischrestaurants und dem alten Römerweg, hoch nach La Mola haben wir nicht vergessen. Uns läuft das Wasser im Mund zusammen, wenn wir an das Salzhuhn bei Yvone oder die Currywurst von Arnold's Strandbude denken. Currywurst? Na klar! Currywurst, das ist die Idee für unser heutiges Abendessen. Die See ist mittlerweile sehr ruhig geworden und der Wind steht kurz vor dem Einschlafen. Das Großsegel steht nur noch als Stützsegel, unsere fünf bis sechs Knoten Geschwindigkeit macht unsere Maschine. Eine Dose Würstchen wird geöffnet und alles in kleine Stücke geschnitten. Dazu bereite ich sogenannte Alwin Kartoffeln. (Sie heißen Alwin Kartoffeln, weil wir diese bei unserem Segelfreund Alwin erstmals gegessen haben). Sie werden in 2 cm dicke Scheiben geschnitten, mit Öl bestrichen, gut gesalzen, mit

Paprikapulver bestreut und in den vorgeheizten Backofen geschoben. Die Wurststücke werden in der Pfanne gebacken und mit Ketchup, Paprika und Curry auf einem Teller angerichtet, dazu die Alwin Kartoffeln. Unglaublich gut.

Wir sind auf Formentera. Wie ein skurriler Hammer liegt sie fast zu Füßen der großen Schwester Ibiza. Ganze 18 km sind es vom Hafen La Sabina zum Leuchtturm La Mola auf der Hochebene. Pinienwald, Oliven-Feigen- und Johannisbrotbäume findet man in dem dazwischen liegenden Teil der Insel.

Das Fahrrad ist auf dieser kleinen Insel sicherlich das beste Fortbewegungsmittel. Die Autos und die Motorräder werden leider immer mehr und nehmen der Insel das Besondere, das Einmalige, die Ruhe, die Zeit und vor allen Dingen die Besinnlichkeit. Vor Jahren noch der Geheimtipp für massenmüde Einsamkeitsfanatiker, ist das malerische Strandparadies inzwischen zur bevorzugten Ferieninsel deutscher und italienischer Sonnen- und Strandhungrigen geworden. Viele Zeitgenossen behaupten auch, das Formentera der „südlichste Stadtteil von Düsseldorf" ist.

Trotz aller touristischen Zugeständnisse, die diese Insel in den letzten Jahren gemacht hat, ist sie nach wie vor eine Perle im Mittelmeer.

Es ist 23.00 Uhr, als wir die „Thalatta" in unserem gewohnten Hafenbereich festmachen. Nach der umwerfenden Currywurst an Bord haben wir natürlich keinen Hunger mehr. Jetzt fordert Timmy sein Recht. Nach den langen Stunden auf See hat er natürlich Druck auf Blase und Darm. Wir eilen! Erst an der östlichen Mole beginnt Timmy zu lenzen (Seemanns-sprache: etwas leer laufen lassen). Es dauert ewig und war wohl sehr nötig. Nicht nur unser Bordhund, auch wir müssen uns die Füße vertreten. Also laufen wir noch zum anderen Ende des Hafens, vorbei an der mit Palmen gesäumten Ladenzeile. Vorbei an dem neuen Verwaltungsgebäude der Marina Formentera Mar, welches aussieht wie ein Torres, zu Deutsch Turm, bis hin zum neuen Teil des Hafens mit seinen weißen zweigeschossigen Gebäuden, in dem sich im vorderen Teil die Bar Gecko befindet. Dann, am äußersten Ende des Sporthafens, wo es hoch geht zu den Salinen, da steht unsere bevorzugte Bar. Rund wie ein Pavillon ist sie und in der Mitte befindet sich eine Palme. Das nach oben geführte runde Dach mündet unterhalb der Palmenblätter. In dieser Bar scheint alles improvisiert zu sein, scheinbar nichtige Gegenstände werden zur Dekoration genutzt.

Der Inhaber, Lambert, ein außergewöhnlich großer Spanier, ist aber auch ein Meister der Darstellung mit banalen Dingen. Als Gast sitzt oder steht man vor dieser runden Theke mit Blick zum Hafen und das Rauschen der Wellen im Rücken. Da die Theke rund ist, geht es natürlich auch andersherum. Spanische Musik, mehr in dem jazzigen und modernen Flamenco, ist die Musik, die man hört, nie langweilig, nie zu laut. Zum Träumen und sich wohlfühlen geeignet. Wir finden hier immer schwer den Abschied.

In der Estacio Maritima frühstücken wir am nächsten Morgen mit Cafe con Leche und einem Sandwich. An diesem Terminal kommt kein Formentera Tourist vorbei, da hier die Fähren aus Ibiza und vom Festland kommend festmachen. Einen Flughafen hat Formentera nicht, Gott sei Dank.

Die bestellten Kissenbezüge aus dem Casa Balear holen wir ab. Mit den beiden Inhaberinnen wechseln wir noch einige private Sätze. Aus einigen Besuchen in diesem hübschen Laden sind wir bekannt. Nicht zuletzt durch Timmy, mit dem nicht zu unterschätzenden

Wiedererkennungswert. Am Nachmittag faulenzen und schwimmen wir an den Traumstränden von Ses Illetas.

Der kommende Tag bringt uns früh aufs Bordfahrrad. Timmy bleibt zurück und bewacht unser Schiff, während wir mit Muskelkraft nach San Francesc Javier, der Inselhauptstadt, fahren. Vom Hafen aus ist dieses Ziel mit dem Fahrrad beschwerlich. Es geht nur bergauf. Spätestens an der Möbelfabrik setzt das Schwitzen ein. Angekommen steuern wir ohne nennenswerte Umwege die bekannte Fonda Plata an, nehmen unseren heutigen Morgencafé und lassen das eifrige Treiben der Touristen auf der Plaza de la Constitucion und der kleinen Fußgängerzone auf uns wirken. Die meisten kommen wegen dem morgendlichen Hippie-Markt.

Heute genehmige ich mir eine aktuelle Tageszeitung und einen zweiten Cafe, während Feli die örtlichen Boutiquen und Schuhgeschäfte durchkämmt. Ich hasse es, in irgendwelchen Läppchenläden abgestellt zu werden und zu warten, bis die Skipperin alles durchsucht hat und dann den nächsten Laden anpeilt. Der Café und die Morgenzeitung sind mir lieber und tun der Stimmung an Bord gut. In San Francesc gibt es einen recht gut sortierten Supermarkt, in dem wir unsere Bordvorräte ergänzen. Das Wetter war die letzten beiden Tage nicht so, wie wir es uns gewünscht haben. Für Morgen sind blauer Himmel und 28 Grad angesagt. Also kaufen wir genug ein, um vielleicht nach Espalmador zu segeln und dort einige Tage zu ankern. Während der Rückfahrt mit unseren Bordfahrrädern zur „Thalatta" und zu Timmy geht es nur bergab. Jetzt bekommen wir das zurück, was wir heute Morgen erstrampelt haben. Es ist sehr warm, aber der Fahrtwind bringt die ersehnte Kühlung. Timmy begrüßt uns so überschwänglich, als ob wir eine Ewigkeit getrennt waren. Für ihn war es wohl so. Die vollen Taschen sind schnell verstaut. Die Hafenformalitäten sind erledigt. Die „Thalatta" verlässt

102

Formentera, die Insel der vielen intensiven Farben und der wunderschönen Buchten.

Wir segeln in Richtung Espalmador. Für die nur drei Seemeilen brauchen wir zwei Stunden. Segeln macht uns eben viel Freude, sodass wir unserem Ziel entgegen kreuzen. Gegen späten Nachmittag fahren wir gemächlich in die Lagune von Espalmador ein. Timmy steht am Bugkorb, als wenn er es nicht mehr abwarten kann, „seine Insel" in Besitz zu nehmen. Das Echolot zeigt uns eine Wassertiefe von acht Metern. Gleichmäßig steigt der Sandboden, der mit Seegras durchzogen ist, an. Mit dem bloßen Auge können wir den Meeresgrund erkennen. Was für ein Wasser! Was für Farben! Auf drei Meter Tiefe fällt unser Anker durch das kristallklare Wasser bis auf den Grund und bringt den nötigen Halt für unsere „Thalatta" in einer guten Lage zum Strand. Wir sehen Fische in vielen Farben und Größen. Espalmador ist wohl nach wie vor einer der schönsten Ankerplätze des Mittelmeeres. Der leider vorhandene Tagestourismus ändert daran nichts. Mit uns ankern etwa zwanzig andere Yachten in diesem Paradies im Mittelmeer. In türkisfarbenem Wasser scheint die „Thalatta" zu schweben. Der feinsandige, flachabfallende Strand ist nur noch zwei Steinwürfe entfernt. Nachdem sichergestellt ist, dass unser Anker hält, wollen wir ins kristallklare Wasser. Sobald Feli von Bord ist und schwimmt, will Timmy sofort vom Heck aus nachspringen. Ich muss ihn immer einen Moment festhalten, sonst würde er Feli bei seinem Sprung in den Rücken springen. Beide schwimmen die kurze Strecke einträchtig nebeneinander zum Strand. Timmy wie ein Bieber. Die noch anwesenden Tagestouristen werden gerade von den Ausflugsbooten aufgesammelt, um ihre Rückreise nach Formentera, Ibiza oder San Antonio anzutreten. Nun gehört Espalmador wieder den Yachtis.

Gegen 18.00 Uhr sieht man vielleicht zwei bis drei Dingis am Strand, deren Besatzung irgendwo auf dieser Insel herumläuft. Vom Schiff aus sehe ich Timmy ausgelassen herumtollen. Feli läuft mit ihm in Richtung der Meerenge zwischen Formentera und Espalmador. Gerade dieser Strandabschnitt könnte den Hintergrund für die kitschigste Südseewerbung darstellen.

Paella ist heute mal wieder das Abendessen auf der „Thalatta". Sie steht frisch und gut duftend auf dem Cockpittisch, als die Sonne blutrot scheinbar die Meeresoberfläche berührt. Der sich uns später bietende Sternenhimmel ist kaum zu beschreiben. Ein Anblick abertausender Himmelskörper in einer Deutlichkeit, wie wir sie so nie gesehen haben. Man könnte meinen, sie sind zum Greifen nahe. Auf dem Vorschiff liegen wir und betrachten dieses Naturspecktakel. Es ist wie im Traum, dieser Sternenhimmel, die totale Ruhe, nur verhaltene Gespräche von dem einen oder anderen Schiff. Nicht störend. Man sieht die Dünen als dunklen Streifen und den Strand als aufhellenden davor. Die Grillen zirpen mächtig in den Pinien. Es ist alles sehr friedlich. Um dieses Erlebnis, welches zu unseren absolut Schönsten gehört, möglichst lange zu genießen, bekämpfen wir mit aller Kraft die Müdigkeit. Solange bis wir verlieren.

Der nächste Morgen bringt leider schlechtes Wetter. Der Sonne gelingt es nicht, durch den Dunst zu dringen. Die Farbbildung im Osten deutet auf nichts Gutes, was der Barograf mit sinkender Kurve nur unterstützt. Ich sehe mir die Meldungen auf den Navtex Seiten und vom Deutschen Wetterdienst an. Sie widersprechen sich. Die Vorhersage des Wetters vom österreichischen Rundfunk (6155, 13730 kHz) haben wir verschlafen. Die Unruhe auf den anderen Schiffen ist nicht zu übersehen. Gegen Mittag wird es etwas besser, aber der ständige Blick zum Himmel bleibt.

Wir vertrödeln mit Schwimmen in der Lagune und Spaziergängen am Strand den Nachmittag. Kurz vor dem Abendessen bekommen wir Besuch von einem Skipper, den wir am Strand kennengelernt haben. Das Anlegen mit seinem Schlauchboot an der „Thalatta" wird von Timmy mit lautem, auf Verteidigung unseres Schiffes ausgerichtetem Bellen, begleitet.

Bei unserem Gespräch an Land hatten wir erwähnt, dass unsere Reise nun zu Ende geht und wir auf eine günstige Situation warten, um zurück nach Mallorca zu segeln. Unser neuer Bekannter bringt den neusten Wetterbericht. Die Vorhersage für die nächsten zwölf Stunden sagt nordwestliche Winde um fünf später bis sieben, drehend auf Nord bis Nord-Ost. Er bestärkt unsere Meinung, den Anker noch heute zu lichten.

Anker auf und durch die Nacht

Unser Ideal Kurs von Espalmador nach Arenal, unserem Heimathafen, beträgt 55 Grad. Feli und ich haben unsere Lage kurz beraten und die Entscheidung kam spontan. Wir verlassen diese Trauminsel nach dem Essen. Jeder Aufschub würde unsere Situation nur verschlechtern. Lieber mit einer unruhigen Nachtfahrt diese Reise beenden, als morgen hier in den Pityusen in einem Wetterchaos zu stecken. Das Abendessen findet früher als sonst statt und fällt auch nicht so üppig aus wie geplant. Wir haben diese bekannte Unruhe in uns, die immer dann auftritt, wenn man nicht weiß, was da kommen mag und schon damit zu rechnen ist, dass es unangenehm werden kann. Um 20.30 Uhr liegt die Insel Espalmador in unserem Kiel-

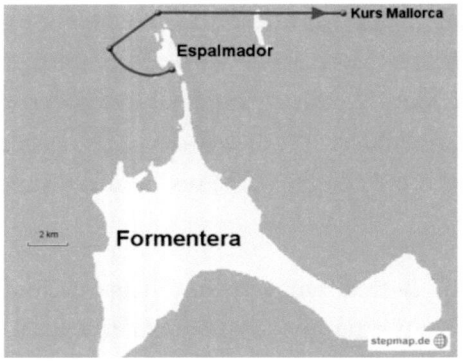

wasser und eine anstrengende Nachtfahrt vor uns. Wir wissen nicht, was auf uns zukommt. Die Windanzeige bringt es nur auf acht Knoten Wind aus West. Wir fahren mit Motorkraft. Nach dem Passieren der Meerenge zwischen Espalmador und Ibiza segeln wir mit Groß und Fock, aber leider weiter unter zur Hilfenahme des Motors. Uns macht die alte Welle zu schaffen. Scheinbar hat sie sich tagelang aufgebaut und schüttelt uns nun gewaltig durch. Da wir seit einigen Tagen ruhiges Wetter hatten, können wir es uns nicht erklären, woher sie kommt. Die letzten Tage waren zudem doch recht windarm gewesen. Vielleicht haben wir aber in der Bucht von Espalmador von stärkeren Winden nichts mitbekommen. Sobald jedoch Wind aufkommen würde, stabilisiert sich ein Segelschiff zu einer Seite und die Fahrt würde deutlich ruhiger sein. Die unbewohnte Insel Espadell lassen wir bald auf der Steuerbordseite liegen. Es ist dunkel. Wir erkennen Ibiza-Stadt und das Feuer von Tagomago. Der Wind bleibt schwach und an Bord kommt die gewohnte Routine. Der Autopilot hat das Steuern der „Thalatta" übernommen.

Feli schläft und ich sitze hinter dem Steuer und beobachte alles, als plötzlich ein Alarmton aus den Armaturen schallt. Wir sind hellwach. Die Anzeige sagt mir, dass der Motor zu heiß ist. Irgendein Defekt an unserem Zweikreis-Kühlsystem muss der Grund sein. Das äußere System ist schnell überprüft, denn entsprechendes Seewasser tritt in genügender Menge aus. Aber der Behälter des inneren Systems ist leer. Ich habe keine Erklärung. Mit frischem Süßwasser habe ich die Anlage neu gefüllt. Wir lassen die Maschine abkühlen und warten. Die Uhr zeigt Mitternacht und wir haben Glück, der Wind hat zugenommen, sodass wir die „Thalatta" segeln können, wodurch wir natürlich deutlich stabiler im Wasser liegen. Wir wollen so schnell wie möglich unseren Heimathafen Arenal, der nun in 55° liegt, erreichen. Der Wind wird mehr. Nur leider dreht er immer mehr in Richtung Nord. Für uns natürlich äußerst ungünstig. Bei mittlerweile 14 bis 16 Knoten Wind aus ca. 350°, also fast aus Nord, können wir unseren Kurs nur schwer halten. Während Feli beständig versucht auf unserem Kurs zu bleiben, mühe ich mich mit der Maschine ab. Jeweils nach ungefähr 15 Minuten ist kein Wasser mehr im inneren Kühlkreislauf vorhanden. Wir schieben Lage. Die Thalatta liegt auf der Steuerbordseite und pflügt durch die immer rauer werdende See. Die Verkleidung des Motors habe ich inzwischen entfernt und in der Achterkajüte gesichert. Die unruhige See macht das Arbeiten im Schiffsinneren immer schwerer. Feli ruft mir zu, dass der Wind nun um die 20 Knoten stark ist. In der Bilge im Motorraum steht Wasser. Jetzt muss ich nur noch die undichte Stelle finden. Vielleicht kann ich sie reparieren. Ich entscheide mich, eine Pause einzulegen, um den Motor weiter abkühlen zu lassen. Mir tut es auch gut, in die Plicht zu kommen und frische Luft zu atmen. Erst wenn es Tag wird und ich mir einen besseren Überblick verschaffen kann, will ich weiter suchen. Unsere Segel bringen uns ja in Richtung Mallorca.

Der Wind dreht scheinbar schneller in Richtung Nord-Nordost, als die Wetterdaten es vorhergesagt haben. Es ist fast 03.00 Uhr in der Nacht, stockdunkel, und an Schlaf ist nicht zu denken. Nur Timmy scheint die ganze Angelegenheit ziemlich egal zu sein. Er liegt in Lee in der Plicht und döst, beobachtet uns jedoch ganz genau aus seinem Augenwickel heraus. Sobald wir hektisch werden, wird auch er unruhig. Sind wir gelassen, hat er seine Augen zu. Es ist immer wieder erstaunlich, welches Vertrauen ein Hund in seine Menschen setzt. Als ob er denken würde: „Es wird schon richtig sein, was die beiden machen". Er lässt es sich jedoch nicht nehmen genau hinzusehen, was ich denn wohl unten im Schiff mache. Erst als er merkt, dass ich keinerlei Nahrung aus dem Kühlschrank hole, legt er sich wieder hin. Rasmus bläst nun mit sechs Beaufort aus etwa 20°, Tendenz weiter rechtsdrehend. Die „Thalatta" segelt mit zwei Reff im Groß und eingekürzter Fock. Es ist ungemütlich an Bord. Wir nehmen viel Wasser auf. Ein Schwall nach dem anderen trifft Feli, die am Steuerrad steht. Ich suche Schutz unter dem Sprayhood. Es reicht, wenn einer, zurzeit eben Feli, nass wird. Natürlich tragen wir Schwimmwesten, Sicherheitsleinen und haben entsprechende Wetterkleidung an. Aber etwas Wasser kommt ja immer durch, wenn man wie wir in dieser Nacht unter einer ständigen Dusche steht. Nach guter Seemannschaft wechseln wir uns in solchen Nächten immer kurzfristig ab. Die Wellen rollen von Backbord an und treffen unser Schiff im vorderen Teil. Die mächtige See drängt uns, zu allem Überfluss, mit jedem Treffer weiter von unserem Kurs ab. Sobald es hell wird, werden wir den ankommenden Wellen besser begegnen können. Einen maximalen Kompasskurs zwischen 80 und 90° ist für uns haltbar und würde uns somit knapp an Mallorca vorbeisegeln lassen. Wenn wir es jedoch schaffen, etwas höher an den Wind zu segeln, wäre der Hafen La Rapita auf Mallorca oder die sichere Bucht der Insel Cabrera erreichbar. Die andere Alternative wäre das Aufkreuzen bis in die Bucht von Palma, um nach Arenal zu kommen. Eine Entscheidung wollen wir noch nicht treffen. Ist auch noch zu früh. Wir warten auf den neuen hellen Tag.

In den frühen Morgenstunden so gegen 7.00 Uhr trage ich unsere Position in die Seekarte ein. Wir befinden uns auf der Position

38°58'N 002°29' E und sind von Formentera laut GPS etwa 53 SM entfernt. Auf unserer Loge stehen jedoch 65 SM. Um von dieser Position nach Arenal zu segeln, hätten wir noch etwa 35 Seemeilen bis zu unserem Ziel bei einem Kurs von 21°. Der Wind hat sich seit dem Morgengrauen auf Ost stabilisiert. Er ist nun beständig um die 20 bis 25 Knoten, also um die sechs Beaufort.

Die Entscheidung fällt uns nun leicht. Wir fahren eine Wende und legen die „Thalatta" auf den anderen Bug, auf den Backbordbug. Einen Kurs von etwa 0-10° können wir halten. Die Wellen treffen uns mittlerweile nicht mehr unvorbereitet, sie kommen aber auch nicht mehr so ungünstig. Hin und wieder gelingt es mir eine zu erwischen und mit der „Thalatta" zu surfen. Ein Riesenspaß!

Die nicht vorhandene Kühlung des inneren Kreises unserer Maschine lässt mir nun keine Ruhe mehr. Ich lege den gesamten Motorraum frei, entferne das Wasser in der Bilge und putze den gesamten Motor trocken. Den Wasserstand der Kühlung fülle ich entsprechend auf. So hoffe ich, erkennen zu können, wo sich die undichte Stelle befindet. Auf Zuruf startet Feli die Maschine. Nach etwa fünf Minuten sehe ich wieder Wasser in der Bilge, aber nicht, woher es gekommen ist. Die genaue Kontrolle des Motors, vom Salon und von der Achterkajüte aus, ergibt kein Ergebnis. Aus Sicherheitsgründen haben wir erst einmal diese Ursachenforschung unterbrochen, um die Dieselmaschine wieder abkühlen zu lassen. Wir haben ja keine Not, denn unsere Segel bringen uns, wohin wir wollen.

Die gesamte Wetterlage beruhigt sich mehr und mehr. Vereinzelt kommt sogar die Sonne zum Vorschein. Nur die Leine, mit der Timmy an der Säule des Kompasses gebunden ist, hindert ihn daran, einen Spaziergang zum Vorschiff zu unternehmen. Er steht mit seinen Vorderläufen auf der Backbordwinsch und schaut am

109

Sprayhood vorbei in Richtung unseres Bugs. Vielleicht hofft er, Land zu schnuppern.

Die Wellen sind nach wie vor sehr hoch, aber auch sehr weit auseinander gestreckt. Ein wenig beängstigend ist es schon, im Wellental zu sein, vor sich eine Wasserwand und hinter sich das gleiche. Am besten man dreht sich nicht um. Wir fühlen uns recht sicher und haben das Schiff und uns im Griff. Leichtsinn, der sich in den Situationen der Selbstsicherheit einstellt, versuchen wir durch Konzentration beim Segeln zu begegnen. Andere Schiffe können wir nicht ausmachen. Der Kanal 16 ist ruhig bis auf die Wettermeldun-

gen von Palma Radio. Scheinbar sind wir mal wieder die Einzigen in diesem Seegebiet. Am Horizont erkennen wir die Silhouette von Mallorca. Feli hat einige Zeit in der Plicht geschlafen und übernimmt nun wieder die Führung unserer Yacht.

Ich finde nun endlich die Zeit, für ein gutes Frühstück zu sorgen. Sogar einige Eier mit spanischem Schinken gelingen mir. Im Gegensatz zu Feli kann ich selbst bei diesem Wetter einige Zeit ohne Probleme im Schiff verbringen. Ich bringe alles nach oben und schneide Brot, Wurst und Käse in mundgerechte Stücke. Dazu einen guten und starken Kaffee. Natürlich haben wir unseren Timmy nicht vergessen. Da es bei stürmischer See schlecht möglich ist, einen Hundenapf zu füllen, ohne dass spätestens beim Fressen alles daneben geht, haben wir für solche Situationen vorgesorgt. Einige zu sechs als Einheit verpackte kleine Würstchen, in jedem spanischen Supermarkt für wenig Geld zu haben, sind für Timmy immer als sogenannter Sturmproviant in der Kühlung.

Der Himmel ist grau in grau. Die Sicht ist mäßig. Unserem Ziel, der Bucht von Palma, kommen wir immer näher. Wenn wir den Kurs von 10° halten können, werden wir gegen frühen Nachmittag die Punta de Cala Figuera auf Backbord liegen lassen können.

Ich starte einen weiteren Versuch, die Ursache der defekten Motor-Kühlung zu erkunden. Gleiches Schema wie vorhin. Als alles trocken und das Kühlwasser wieder aufgefüllt ist, hat Feli die Maschine gestartet. Drei Seiten des Motors habe ich bei meinem ersten Versuch kontrolliert. Die vierte, die Steuerbordseite, ist nur durch eine kleine Luke von der Toilette aus zu sehen. Hier liegt die Lösung des Problems. Aus zwei Kupferleitungen, die hinter der Lichtmaschine in den Motor führen, tropft Wasser. Keine Ahnung, wie man dies abdichtet. Da wir bis zu unserem Hafen wohl segeln können, werden wir die Maschine nur für die Fahrt im Hafen, zu unserem Liegeplatz, benötigen. Ich fülle genug Wasser auf und wir werden den Motor erst kurz vor der Einfahrt zu unserem Club Nautico starten. Die Reparatur werden wir in Arenal vornehmen.

Die Landmassen Mallorcas liegen in einem Dunst. An der Silhouette ist nicht zu erkennen, wo wir sind. Mit dem GPS ermittele ich unseren exakten Standort, übertrage diesen in die Seekarte und kann so feststellen, dass Cabo Blanco an der Südküste Mallorcas voraus in etwa zehn Seemeilen liegt. Vorerst halten wir unseren Kurs von etwa null Grad. Mittlerweile sind wir auch nicht mehr alleine unterwegs. Achteraus quert unseren Kurs ein riesiges Kreuzfahrtschiff. Den Namen können wir nicht erkennen. Was mögen die Passagiere dieses Hochhauses der Meere über uns denken. Bei Kaffee und

Kuchen hinter der Panoramascheibe sitzend, dürfte unsere Art der Fort-bewegung wohl nur Schauer über den Rücken der Gäste dieses Luxusliners verursachen. Nur eine kleine Nussschale werden wir sein, für viele noch nicht einmal sichtbar. Länger als zehn Minuten werden wir wohl nicht für Gesprächsstoff bei dem Kreuzfahrer sorgen.

Tauschen mit uns wird sicherlich keiner wollen. Wir aber auch nicht. Natürlich ist dieses Schiff für uns ein willkommenes Thema. Wir stellen uns vor, wie es auf diesem Schiff wohl aussehen mag. Ein wenig scherzhaft und mit viel Freude stellen wir fest, dass dieser Kreuzfahrer auch nicht viel mehr zu bieten hat als unser Schiff.

Es hat einen Motor, einen Anker, eine Küche, ein Bett und die Navigation. Das alles haben wir auch. Sicherlich ist das Kühlhaus voll. Unsere Kühlbox auch. Bestimmt ist an Bord eine gute Stimmung. An Bord der Thalatta allemal!

Wir steigern uns beim Finden noch vieler anderer Dinge, die auf beiden Schiffen gleich sind, wenn man die Größenordnung außer Acht lässt. Wir finden aber auch etwas, was der mittlerweile weit von uns entfernte Luxusliner nicht hat! Segel! Diese Segel ermöglichen es uns ohne die Abhängigkeit von Maschine und Treibstoff ganz nah mit der Natur, begleitet nur vom Geräusch des Windes und den Wellen, unsere Reise zu machen und nach solchen Törns auch ein wenig Stolz zu sein auf das eigen Vollbrachte.

Gegen 17.00 Uhr lassen wir das Cabo de Regana an Steuerbord liegen. Wir segeln ein in die Bucht von Palma.

Der Wind ist nach wie vor stabil, sodass wir unseren Kurs Nord mit ca. null Grad bis kurz vor Palma halten können. In der Bucht von Palma liegt ein großer Flottenverband der USA. Geführt von einem übermächtigen Flugzeugträger. Genügend Abstand haltend fahren wir eine Wende und haben nun genauen Kurs auf die Einfahrt unseres Heimathafens El Arenal.

Wir sind froh, bald wieder festen Boden unter den Füssen zu bekommen. Als überzeugte Segelcrew mit der Lebenseinstellung, dass ohne Schiff und Wasser nichts mehr geht, mag dieses verwunderlich sein.

Fast zwanzig Stunden haben wir für die Strecke von Espalmador nach Arenal gebraucht. An Seemeilen haben wir 105 für diese Strecke versegelt. Das Aufkreuzen und die Abdrift hat uns also etwa 30 Seemeilen gekostet.

Vom Segeln haben wir erst einmal die Nase voll. Der wenige Schlaf, die unsichere Wetterlage, der Sturm, die hohen Wellen und die Sorge um die Dieselmaschine haben uns nun müde gemacht. In den Hafen wollen wir und nichts anderes mehr.

Diese nun zu Ende gebrachte Reise hat uns weit mehr an starken Windtagen gebracht, als uns auf einem Urlaubstörn lieb ist. Von den vier Wochen hatten wir einfach zu oft den Wind genau auf den Bug. Trotzdem, oder deshalb, war es ein Törn mit vielen Höhepunkten. Die von uns besuchten Häfen und Städte gaben uns viel zu sehen und mit den kennengelernten Menschen viel zu erleben. Die Freundlichkeit unserer spanischen Gastgeber hat uns zum wiederholten Male beeindruckt. Insgesamt haben wir in 10 verschiedenen Häfen und Buchten übernachtet. Haben 720 Seemeilen mehr auf unserer Logge. Größere Schäden hat unsere „Thalatta" nicht hinnehmen müssen. Eine neue Fock war sowieso geplant und die mir so viel Sorge bereitende, undichte Motorkühlung war in kürzester Zeit im Hafen repariert.

Es war ein schöner Törn. Eines haben wir jedoch von dieser Reise gelernt. Wir hatten viel zu wenig Zeit, zumindest für diese Distanz. Die auf unserer Strecke liegenden Häfen und deren Bewohner hätten mehr Aufmerksamkeit verdient, als wir geben konnten oder wollten, und das Hinterland wurde leider von uns überhaupt nicht einbezogen. Fälschlicherweise hatten wir immer unser Ziel vor Augen. Die nächsten Reisen werden bei gleicher Zeit kürzer sein. Das geplante Ziel nicht mehr so unbedingt auch zu erreichen, kann ein Ziel sein. Vielleicht sogar die Reise zum Ziel machen.

Einfahrtsfeuer Club Nautico Arenal

Es ist fast 16.00 Uhr, als wir unterhalb unseres Clubgebäudes die „Thalatta" an unserem Liegeplatz festmachen. Freunde von anderen Yachten kommen zur Begrüßung und helfen uns mit den Vorleinen. Der Redeschwall von uns allen überkommt uns unkontrol-

114

liert. Wir haben ja so viel zu erzählen und die anderen wohl auch. Es wäre so weiter gegangen, hätte nicht unser Bordhund Timmy sich energisch zu Gehör gebracht und seinen total überfälligen Gassigang eingefordert. Feli nimmt ihn sofort von Bord und die erste Palme muss für den Überdruck der Hundeblase herhalten.

Nachdem wir unser Schiff ordentlich versorgt haben, wird der wesentliche Teil unserer Reise an der Bar unseres Club Nautico unseren Freunden zum Besten gegeben. Natürlich steigt mit jedem Bier auch die Wind- und Wellenhöhe unserer heutigen Überfahrt. Der neuste Hafentratsch sagt uns, dass wir wieder zu Hause sind.

Unser Bug-Sessel

Seeteufel

Isla IIIetas

Kurs spanisches Festland

Segeln im Starkwind

Wir segeln in die Nacht

Unter vollen Segeln

Insel Tagomago

Abschlusstörn

Die Nacht bringt uns den ersehnten tiefen Schlaf und am frühen Morgen die gewohnte Sonne. Das schlechte Wetter ist über uns gezogen. Ein Hoch macht sich breit. Unsere Nachbarn wollen schon seit einigen Tagen mit ihrer Segelyacht aufbrechen, aber das schlechte Wetter war der Hemmschuh.

Ich bin gerade dabei die letzten Salzreste von unserem Schiff zu entfernen, als Feli den Vorschlag macht „Es wäre doch schön, so zum Abschluss unserer Ferien noch nach IIIetas zu segeln!" IIIetas ist eine kleine Insel südwestlich von Palma, hinter der man eine sehr schöne Ankerbucht findet.

Ich bin am Ende meiner Worte. Gestern, nein falsch, vor einigen Stunden konnte Feli nicht schnell genug vom Schiff kommen und hatte genug von Wellen und Wind. Sie war auch der Meinung, für die nächsten Wochen keine Seebeine mehr haben zu müssen. Ein wenig Sonne, ein mittlerweile wieder adrettes und funktionstüchtiges Schiff und die Aussicht einen Abend in einer schönen Bucht mit Freunden zu verbringen, lässt die Skipperin zur Wiederholungstäterin werden. So ist das eben beim Segeln. Die nicht so schönen Erlebnisse sind schnell vergessen. Ein neuer Tag ist eben ein neuer Tag und „Zu neuen Ufern" sagte auch mal irgendjemand.

Natürlich bin auch ich schnell zu überzeugen. Der guten Ordnung halber habe ich noch einige Minuten gezetert und auf Verweigerung gesetzt.

Die See ist nicht wieder zu erkennen. Fast keine Dünung, nur zwei Beaufort Wind aus Nord-Ost, Sonnenschein und 28 Grad. Wir segeln schon wieder in der Bucht von Palma.

Gemächlich schiebt sich unsere „Thalatta" in Richtung Isla de IIIetas. Der Autopilot ist dienstverpflichtet. Wir sitzen auf dem Vorschiff auf der Backbordkante und lassen unsere Füße in den Bugwellen eintauchen. Der Bordhund liegt gespannt daneben und hofft auf Delfine.

Die Kathedrale von Palma zieht auf der Steuerbordseite an uns vorbei und in gebührendem Abstand zur Hafeneinfahrt von Palma ändern wir unseren Kurs auf Süd, in Richtung Puerto Portals. Kurz vor der Einfahrt dieses sogenannten Nobelhafens liegt die Insel „Islas de IIIetas", in deren Windschatten wir unseren Anker werfen wollen. Die Crew der „SY Nadia", hat die Wende etwas früher eingeleitet, sodass sie nun in Luv etwa einhundert Meter parallel von uns segelt. Gegen Nachmittag passieren wir die süd-westliche Spitze der Islas de IIIetas mit genügend Abstand, denn an dieser Stelle liegen bis auf ca. 15-20 Meter einige unangenehme Steine kurz unter der Wasseroberfläche.

Das ist nun der Moment unseres Bordhundes Timmy. Er lässt keine Variante seiner Darstellungsgabe aus, um uns mitzuteilen, dass er mit der Auswahl unseres heutigen Ankerplatzes hoch zufrieden ist. Akustisch von aufgeregtem Winseln bis hin zum hektischen Bellen ist alles vertreten. Als wenn er es nicht abwarten kann, steht er mit seinen Vorderpfoten vorne auf dem Bugkorb und Sekunden später wackelt achtern der Sprayhood. Wie von Sinnen läuft er über das Deck. An dem hohen Stimmklang seines Bellens können wir seine Freude erkennen. Er kennt diese Insel bestens. Hier gibt es alles, was ein Hundeleben so lebenswert macht. Keinen Leinenzwang, Badespaß pur, Büsche zum Schnuppern mit scheinbar vielen, für uns nicht zu ahnenden, Gerüchen. Es gibt Hügel zum Klettern und er kann laufen, wohin er will und Frauchen und Herrchen sind bester Stimmung. Die Krönung ist jedoch, dass wir hier meistens an

Land grillen oder kochen. Selbst der anständigste Hund kann dann das Betteln nicht lassen. Bei uns meistens mit Erfolg.

Unser Anker fällt auf fünf Meter Wassertiefe und findet im Sandboden sofort den richtigen Halt. Niemals verlasse ich nach dem Ankermanöver sofort das Schiff. Es ist zur Gewohnheit geworden, mindestens eine halbe Stunde die Bewegungen des Schiffes zu beobachten, und wenn nötig, Peilungen zu nehmen. Wenn die Wassertemperaturen es zulassen, und dieses tun sie meistens auf den Balearen, gehe ich mit Schnorchel und Brille zum Anker und überzeuge mich davon, ob er sich auch eingegraben hat.

Wir machen unser Dingi klar. Timmy kann es gar nicht abwarten und setzt sein Konzert unvermindert fort. Ich bleibe an Bord, während Feli mit unserem kleinen wild gewordenen Matrosen an Land fährt. Den Rest des Tages verbummeln wir mit Baden in kristallklarem Wasser und Müßiggang.

Über der Isla de IIIetas thront, von Weitem schon sichtbar, ein noch recht gut erhaltener Turm, den man auch besteigen kann. Die Aussicht ist die Mühe wert.

Unseren heutigen Sundowner nehmen wir, natürlich gemeinsam mit der Crew der Segelyacht „Nadia", auf unserer heutigen Insel direkt oberhalb einer kleinen, wunderschönen Sandbucht, in der gerade mal unsere beiden Dingis Platz finden. Einen kühlen Weißwein haben wir für dieses nachmittägliche Ritual ausgesucht. Für das, was danach kommt, war diese Wahl wohl die Richtige. Auf unserem Speiseplan steht für heute Abend mal wieder eine Paella. Mit der Ersatzgasflasche, einem Brenneraufsatz und der Paellapfanne stehe ich nun in der Abendsonne und koche.

Wir sind alleine auf der kleinen Insel und genießen dieses Leben in vollen Zügen. Wir sehen die Einfahrt des Hafen Porto Portals. Die Sonne taucht noch einmal alles in ein warmes, intensiv, goldglänzendes Abendrot, bevor Sie hinter den Bergen verschwindet. In solchen Situationen sind wir uns schon bewusst, welches Glück wir haben, schöne Teile unserer Welt so erleben zu dürfen.

Kurz vor Einsatz der Dämmerung ist unser Abendessen fertig. Bewaffnet mit je einer Gabel sitzen wir nun zu viert um unsere Paella Pfanne. Die Lobeshymnen auf meine Kochkünste lasse ich gerne über mich ergehen. Alle Hobbyköche tun dieses ohne nennenswerte Gegenwehr. Zu unserer Freude verzichtet Timmy heute auf das Betteln. Er liegt mit dem Rücken zu uns. Sein sehr ausgeprägtes Rudelbewusstsein scheint ihm zu sagen, „Pass auf, dass sich kein Feind anschleicht"

Langsam wird es dunkel und wir sehen die Lichter an der Küste von Magaluf und Portals Nous bis zu uns nach IIIetas. Es ist fast windstill. Die Grillen in den Büschen und in den Pinien zirpen scheinbar um die Wette. Leichtes Plätschern der Wellen am Strand und von Land her hören wir die Geräusche als ein leises Rauschen. Ferienstimmung, wie sie kaum zu überbieten ist. Selbst wir vier, die sich soviel zu erzählen haben, schweigen.

Es ist einer dieser traumhaften Abende, von denen wir während unserer Zeit in Deutschland so oft träumen und die wir immer wieder in unseren Gesprächen Revue passieren lassen. Eine Atmosphäre, die der normale Pauschaltourist niemals so erleben kann. Selbst die Besatzungen von Charterschiffen haben meist nicht die Zeit, sich diesen Erlebnissen hinzugeben. Ein Abschluss unserer Reise, wie wir ihn uns nicht schöner haben wünschen können. Vier Wochen segeln in spanischen Gewässern sind vorbei.

Mit der Wiedergabe einer Steininschrift, die ich auf dem von mir auch beschriebenen Römerweg auf Formentera gesehen habe, möchte ich meine Aufzeichnungen enden lassen.

„queda del mar"

(frei übersetzt: was bleibt ist das Meer)

---E-N-D-E----

Wer mehr lesen möchte besucht mich auf meiner Homepage

www.thalatta.info

Kontakt unter

thalatta39@gmx.de

Anhang

Unsere SY Thalatta ist eine 1992 gebaute Bavaria 320 S

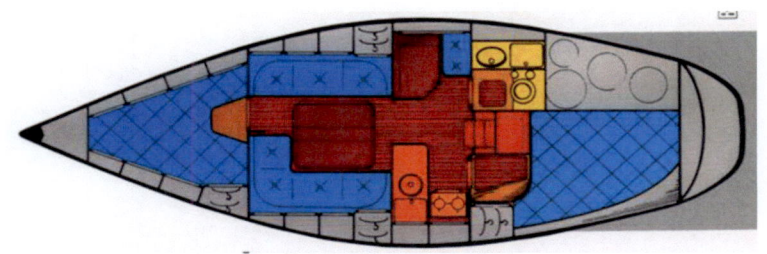

Gesamtlänge:	10,18 m
Großsgel:	23,50 m²
Länge Wasserl.:	8,30 m
Rollgenua:	25,00 m²
Breite:	3,20 m
Blister:	50,00 m²
Tiefgang:	1,65 m
Motor:	Volvo 18 PS
Gewicht:	3.700 kg

Ausstattung:

UKW-Funk, Fastnet Radio FMD 20, GSM-Funktelefon mit Fax-empfang, GPS mit Kartenplotter, Reserve GPS, Weltempfänger, Kompasssäule mit Radsteuerung, Peil-kompass, Barograph, Tridata, Windanzeige mit Lupe, 4 ohnmachtsichere Schwimmwesten mit Liveline, 2 Fest-stoffwesten, Hundebergungsweste, Rettungskragen mit Nachtlicht, Rettungsinsel für 6 Personen, Seenotraketen, 2 Feuerlöscher, Marine-Fernglas, Sprayhood, Sonnensegel, Pflugscharanker mit elektrische Ankerwinsch und 60 m Kette, 2 Ersatzanker, Dingi mit Motor, Autopilot, elektrische und manuelle Lenzpumpe, Dieselheizung, 2 Klappfahrräder, Fernsehgerät mit Video

Hilfe für Nichtseeleute

Achtern	hinten
Achterliek	hintere Kante des Segel,
Antifouling	Unterwasserschutzanstrich
Backbord	In Schiffsrichtung links, rot gekennzeichnet
Backskiste	Stauraum unter einer Sitzfläche
Barograph	Luftdruckmessgerät das die Werte auf einer Papierrolle schreibt
Beauford	Windstärken Skala von 0 bis 12
Beidrehen	das Schiff bei kleiner Fahrt so gegen den Sturm/Seegang drehen, dass es wenig Winderstand bietet
Bilge	unterster Raum im Rumpf
Blister	sehr großes Leichtwindsegel.
Bootsmannstuhl	Sitz mit Sicherheitsgurt für Arbeiten am Mast oder Takelage
BHT	Bord Hund Timmy

Curry-Klemme	Klemme zum belegen einer Leine
Dingi	Beiboot
Dwarssee	Seegang quer zur Fahrtrichtung
Fall	Leine oder Drahtseil um ein Segel hochzuziehen
Fastnet-Radio	Wetter Dekoder
Freiwache	Ruhezeit
Fuß	Längenmaß in der Sportschifffahrt. 1 Fuß = 30,5 cm
Fock	Vorsegel
Halbwinder	Blister, großes meist buntes Vorsegel aus leichtem Tuch
Großschot	Leine mit der das Großsegel bedient wird
GPS	Global Position System Satelliten Navigationsgerät
Heißen	einen Gegenstand in die Höhe ziehen
Knoten, Kn	Seemeile pro Stunde
Landverbindung	Wasser und Strom Versogung
Leuchtfeuer	Lichtzeichen in verschiedenen Abständen (Leuchtturm)

Lee	Wind abgewandte Seite
Luv	Wind zugewandte Seite
Luvgierig	bestreben des Bootes nach Luv zu drehen
Log	Geschwindigkeitsmesser
Marinero	Hafenarbeiter
Masttopp	Mastspitze
Muring	eine Leine, die an einer Kette oder Beton-klotz befestigt ist, an der man ein Schiff befestigen kann
Navtex –Empfänger	Empfängt Funksignale und wandelt diese in Klarschrift um. Wettermeldungen sowie Wahnhinweise.
Nullmeridian	Geographischer Längengrad mit der Bezeichnung 0 von dem die Zählung der Längengrade in westlicher und östlicher Richtung vorgenommen wird. Führt auch durch Grenwich
Niedergang	Treppe im Schiff
Pantry	Küchenbereich auf einer Jacht

Plich	auch Cockpit, tiefer als das Deck liegender Sitzbereich, auch Arbeitsbereich
Pütz	Bordeimer
Querab	90 Grad zur Schiffslängsrichtung
Rasmus	Schutzpatron der Seeleute
Reff	Segelflächenverkleinerung
Schot	Leine
Seemeile	1.852 m
Sprayhood	über dem Kajütluk montiertes Segeltuch – Klappverdeck
Spinnakerbaum	eine meist kräftige, runde Aluminium Stange als Ausleger
Steuerbord	in Schiffsrichtung rechts, grün gekennzeichnet
Süll	Seewasserabweisende Planke oder Kante in Längsschiffsrichtung auch Umrandung der Plicht oder Luk.
Trimmen	einstellen oder abstimmen (Segel, Hebelarm, Gewicht, Druckpunkte)

Unterliek	untere Kante eines Segels
Untiefe	flache Stelle in einem Gewässer.
Vorliek	vordere Kante eines Segels
Wanten	Seitenverspannung des Mast
Windex	Windmessgerät für Stärke und Richtung, meistens im Masttop

Walter Vollstädt

Im Jahre 1950 geborener Niederrheiner, verheiratet, seit 1973 selbstständiger Kaufmann. Windsurfen war der Einstieg in den Segelsport. Anfang der 80er Jahre war sein erstes Schiff eher in seinem Besitz als die dann absolvierte Segelausbildung. Die Balearen sind heute seine seglerische Heimat. Irgendwann kam ihm das Schreiben in den Sinn. Durch das Einstellen von Törnberichten und kleinen Erzählungen, auf seiner Homepage, sind seine Texte einem größeren Publikum bekannt. Nicht zuletzt auch durch eine Veröffentlichung in einer großen Düsseldorfer Tageszeitung.